何文匯 著

人鬼神

人鬼神

太平書局

責任編輯　韓心雨

裝幀設計　麥梓淇

排　　版　蕭　霞

校　　對　趙會明

印　　務　龍寶祺

人鬼神

作　　者　何文匯

出　　版　太平書局

　　　　　香港筲箕灣耀興道 3 號東滙廣場 8 樓

發　　行　香港聯合書刊物流有限公司

　　　　　香港新界荃灣德士古道 220-248 號荃灣工業中心 16 樓

印　　刷　美雅印刷製本有限公司

　　　　　九龍觀塘榮業街 6 號海濱工業大廈 4 樓 A 室

版　　次　2023 年 7 月第 1 版第 1 次印刷

　　　　　太平書局

　　　　　ISBN 978 962 32 9369 3

　　　　　Printed in Hong Kong

重刊《人鬼神》小記

1981 年，我以〈方死方生〉為題，在香港中文大學校外進修部講了一堂課。半年後，我以講稿為基礎，寫成了《人鬼神》一書。

《人鬼神》於 1982 年由博益出版集團出版，2009 年改由明窗出版社出版，現改由太平書局出版。

回望壯歲文章，筆觸凌厲，和我現在的風格頗不相同。不過我在書中闡釋鬼神、生死等神秘問題時的立論卻至今沒變，似乎已經是一得之言了。今天太平書局重刊《人鬼神》，延續此一得之言，令我十分感動。

三十多年前，香港的媒體開始把成語「差強人意」說成和寫成「強差人意」；到現在，「強差人意」一詞已經深入人心了。我在書中寫過一次「差強人意」（P.165），樹立了一個好榜樣。我希望書中的「差強人

意」日後不會被改成「強差人意」，好讓《人鬼神》保持一個嚴謹的形象。

何文匯

二〇二三年六月

序

我無法相信何文匯是周策縱的入室弟子。

事實就是事實，他們不僅是師生，而且情同父子。

周公是一條巨鯨，懷着滿腹學問，仍在書海中浮沉，優游自在地張開闊嘴，猛吞知識。

文匯是一隻八爪魚，對哲學、文藝、戲劇、運動，甚至經商等等，都是那麼興趣濃厚；伸長魚爪，抓這抓那，抓得多，抓得雜，卻抓得有條不紊，相當成功。

這位一頭栽進書堆、對外間事不甚了了的名學者 —— 周公，有這麼個徒兒，應該驕傲。

他們師徒倆，如青藤繞老樹。老樹的蒼勁，青藤的勃勃生機，給人一種自然生態揉合的美感，常使我

產生無可壓抑的嫉妒和羨慕。

文匯是個有智慧、有才能、肯苦幹而又肯保留中國傳統美德的青年，是惹人疼愛的。我常勸他專心教學，減少雜務，多寫文章，因為他對任何事物，有他獨特的看法；他能用詼諧的筆調，寫嚴肅的問題，不只輕鬆有趣，也能從中發掘一些潛藏的真理。

《人鬼神》這本書，就是在我催逼下完成的。

我是個老記者，在文化機構打雜多年，或多或少了解這個社會需要些怎樣的讀物。這裏，我向青年朋友們介紹《人鬼神》，是經過慎重思考的。

一九八二年

作者簡介

何文匯在香港大學取得文學士和哲學碩士學位後，到英國倫敦大學深造，獲哲學博士銜；一九七四年從英國到美國威斯康辛大學任教；一九七六年回港從事電視工作；一九七七年轉職政府部門；從一九七九年起在香港中文大學任教至今。

何文匯對戲劇有濃厚興趣，大學畢業後即不斷在電視台演話劇，名噪一時。回港後，何博士除從事電視行政工作和演出外，更著意發展舞台劇；其後又在廣播電台主持早晨節目。近年則偏重寫作。

在《人鬼神》裏，何博士用顯淺的語言，闡釋動人的哲理，嘗試減輕一般人對死生和鬼神所產生的困惑。《人鬼神》是一本不容錯過的書。

一九八二年版《人鬼神》一頁

目錄

人鬼神

第一部

鬼話連篇

鬼話連篇

我深信鬼是存在的。

鬼是甚麼？我們一般人心目中的鬼，指的是人死後沒有了肉身的一種「存在」。我們可以美其名為「仙」、「古人」、「靈魂」；但是，說到底，我們指的應該是同一樣東西 —— 鬼。當然，其他動物，甚或植物，都可能變鬼。不過這裏只說人變成的鬼。

人死後變成鬼，這個觀念一方面很可怕，因為自古以來，人總把鬼的世界塑造得很可怕；而另一方面，也使我們有些許安慰，因為到底人死後不至於一無所有。大抵人是一種相當愚笨的生物，對自身所處的時、空認識得太少，總是下意識地以為現在這個世界就是最好的。縱使我們老了、病了，但是我們寧願活着受

苦，也不甘心死去。我推想其中一個原因就是恐怕死後變成既可怕又可憐的鬼。鬼給人一種無名的陰森恐怖感，這是因為鬼難以捉摸，形狀異乎尋常。鬼可以血流披面，可以無頭無腳，又可以隨時隨地在我們面前出現。你關了門，關了窗，上了鎖也阻擋不了鬼。而且鬼的恐怖，更在「瞻之在前，忽焉在後」，令一個活人無法防範。在中國民間傳說裏，人死後變成的鬼魂大都失去常性：它一方面是痛苦的、不能自拔的，期冀活人為它祈禱、超度，給它燒這燒那；而另一方面，它又是多能的，能知未來，有法力，可以保祐我們，也可以殘害我們。但是無論如何，它在一般人的心目中是不受歡迎的，人們不希望它出現，因為在人面前出現的鬼多數是厲鬼，是不祥的。不過我們卻很希望它能夠遙遙地保祐我們。人也可算自私透頂了。

老實說，以人這個小小的腦袋，怎麼能夠完全明白鬼神的事。孔子說：「未知生，焉知死？」這的確很有道理。我們對這個世界的事物和人生的一切尚且未能完全了解，又怎麼能夠了解死後呢？既然我們真的

不了解死後，那麼鬼魂給我們的感受也可能是一種假象。不妨做個比喻，一個聰明的成年人，如果要和一個兩歲的小孩子溝通，這個成年人說的話和做的事就一定要是這個兩歲小孩子可以明白的。如果這個聰明的成年人要哄騙或者戲弄這個小孩子，他一定辦得到，而且這個天真的小孩子也一定會受騙。當然，這只是一個很寬泛的比喻，因為鬼和人的距離，比成年人和小孩子的距離應該更大。我們當然比一個兩歲小孩子會思考，可能我們就等於那個聰明的成年人。但是，比喻中的聰明成年人卻不等於鬼；因為鬼不是人，鬼和人是根本不同的。鬼是人變成的，它了解人。人可能是鬼變成的，但是人有了肉身，有了腦子，對鬼神的真相便幾乎一無所知了。我推想，鬼魂在我們面前出現，就和神在我們面前出現一樣，也只是讓我們看到我們看得懂、或者是我們幻想可以看到的形態。至於這些形態是不是鬼的真實形態，我們恐怕不得而知了。

鬼在我們面前顯現的形態，是真是假，我不敢肯定。我敢肯定的是，我們中國人喜歡親眼看見鬼的大

概不會多，而喜歡隔岸觀火、聽別人講鬼故事的卻很多。我也聽過不少鬼故事，而且我懷疑我讀小學時在宿舍裏就曾見過鬼。不過我不敢寫出來，免得日後拿起這篇文章越看越害怕。至於朋友見鬼的故事，我倒樂意寫一下，為大家增添一些茶餘飯後的談話資料。大家對這些故事的內容和情節不要期望過高，因為鬼故事到底不是太空幻想小說。大家可能覺得這些鬼故事簡直「老套」得難以置信。不過人家既然這樣講給我聽，我也就照錄如儀了。

這個鬼故事是一九六八年在英國倫敦發生的。本港某名人有三個兒子，都是我的同學。後來三兄弟去倫敦讀書，而且住在一起。他們都很喜歡音樂，三弟尤其擅長大提琴。一個冬天的黃昏，二哥外出未回來，大哥和三弟就留在樓上的房間。當時三弟正在拉他那個心愛的古老大提琴。晚上的天氣越來越冷，樓上的煤不夠了，大哥就獨個兒到樓下去多拿些煤。就在那個時候，廚房的鸚鵡狂叫。三弟很奇怪，立即把正拉着的大提琴斜靠着椅子放下，獨個兒走到廚房去看個

究竟。到了廚房，鸚鵡卻不叫了。三弟給鸚鵡添了一點水，就回房間去。可是，他剛踏進房門口，怪事出現了。有一位身材短小的老人坐在椅子上，看着前面曲譜架上面的曲譜。這老人看見三弟回來，就望着他慈祥地笑了一下，然後整個身子傾斜，雙腿一伸，赫然就變成那個大提琴。三弟這一驚非同小可，他一邊叫喚著大哥，一邊失魂落魄地滾下樓梯去了。這一切可能只是一瞬間的事，但直到現在那位三弟對當時的每一個細節還記得很清楚。後來他去查探那個大提琴的來歷。原來這件樂器的第一個主人是一個法國人。這個法國人死後，家人就把他生前心愛的大提琴出讓了，終於落在我這位朋友的手裏。這位朋友沒有把大提琴轉讓，他覺得這件樂器很有歷史價值，一直保留着。

有一位世叔追述過一個鬼故事。一九三八年，他在廣州嶺南大學讀書，家人都搬到香港來住。他們在廣州還有房子，留下一些傭人打理。一天晚上，一個老傭人突然見到世叔的母親在屋子走廊裏出現。這個老傭人還衝口而出叫了一聲「大少奶」。世叔的母親沒

有回答她，轉身就走進一間睡房去。老傭人追進去，卻找不到任何蹤跡。第二天，香港有電報到廣州，說世叔的母親早一個晚上逝世了。

一九七八年，一位當醫生的朋友跟太太和兩歲的兒子搬到薄扶林道附近一個幽靜的住宅區居住。搬家那天，剛好是重陽節假期。當時新房子裏很多應該有的東西還沒有，比如說，窗子沒有窗簾，睡房沒有睡牀。那天晚上，他們一家三口就在大睡房裏，躺在地氈上對着窗口睡覺。才躺下，小孩子突然坐起來，凝視着窗口。母親問他在做甚麼，他指着窗口說，窗外面有一個「姐姐」。此語一出，父親立刻嚇得蒙着頭。母親硬着頭皮走到窗前看，只見一片天空，哪裏有甚麼「姐姐」？她心裏害怕，但仍然哄着小孩子，說那是樹影。小孩子很滿意，就躺下睡了。

第二天，醫生太太買了冥鏹，在天台四角拜了一番。過了幾天，她竟然找了一個神婆來。那神婆說他們的新居本來有一個鬼住着，現在那個鬼覺得它的地

方給霸佔了，不大高興。醫生太太聽了，不禁毛骨悚然，恨不得立刻再搬家；但是，新房子才住了幾天就要搬走，又覺得很不值得，心裏非常矛盾。

過了幾個星期，一天下午，這位醫生太太在廚房洗碗碟，兒子獨自在大廳玩。突然間，兒子又在叫「姐姐」了。母親嚇得差點沒把碟子摔破，立刻跑到大廳去，只見兒子望着走廊盡頭發呆。走廊盡頭和睡房窗口是在同一方向的。母親問他是哪個「姐姐」，兒子說就是「那個」姐姐，現在要他過去跟她玩。這豈不是白日見鬼！醫生夫婦在新房子裏只住了幾個月，終於消除不了與鬼同居的念頭，搬走了。

鬼屋的確可怕，可是有些人和鬼有緣，也不怕鬼。而待在屋子裏的那個鬼如果接受了他們，對這些人也會有些好處。我認識一位朋友，他一家三口住在九龍一幢古老的房子裏，環境幽雅。房子裏有一男一女的外國人鬼魂，都是死於車禍的。起初，人和鬼相處有點不習慣，傭人給嚇跑了。不過，慢慢地大家都接受

了對方，夫婦倆的事業也很順利。鬼魂除了有時候胡亂開關他們廚房的電燈外，也沒有幹出甚麼淘氣的事來。他們一家人如果深夜回來，還照例由兒子用英語大叫一聲：「我們回來了！」

　　幾年前，一位朋友到美國去度假，順道去探望一位好久沒見的女朋友。這女孩子是做時裝設計的。他到了這女孩子的家，她就招呼他喝咖啡。當時只有兩個人，咖啡卻煮了三杯。我的朋友不禁奇怪起來，忍不住問，多出來的那杯是幹甚麼的。這女孩子也不隱瞞，說那杯是留給屋子裏那個鬼喝的。原來她屋子裏住着一個黑人的鬼，人鬼相處融洽，所以那女孩子每一次煮咖啡也多煮一杯留給它，以表示對它的關懷。大概是由於那個黑人鬼魂的幫助，她的生意很好。而且很多黑人顧客。有一天，她在超級市場買東西，一個頗有風韻的黑女人走過去跟她攀談，還稱讚她懂得穿衣服。她就告訴那個黑女人，她的職業是設計時裝。那女人很感興趣，就拿了她一張名片。過了兩天，有人找她，對她說前兩天某著名黑人女歌星跟她見過面，

現在很想請她設計大量時裝。那女孩子當然驚喜交加，她根本就沒想到在超級市場跟她聊天的那個女人是知名的歌星。她肯定這是那黑人鬼魂在暗中幫助她，所以她對這個鬼就更加懇懃了。

以下的故事是國學前輩蘇文擢先生告訴我的。一九三一年，蘇先生九歲，一家人搬到上海河南路桃園坊九十九號一幢兩層高的大房子居住。這房子坐落的地方委實不錯，位於鬧市而有園林之勝。一進大門是一個大天井，右邊一棵梧桐樹，左邊一個大魚池。再往前就是正廳，正廳盡頭的正中安放着祖先靈位和地主神位。正廳盡頭的右邊有一個門口，穿過門口直走就是睡房和廚房，右轉就是偏廳和睡房，還有長廊直通東廂。東廂望出去也就是天井。蘇先生住在正廳後面的睡房，讀書則在東廂。家人都住在樓上。

說也奇怪，蘇家自從搬到這個地方住下來，運氣越來越不好。先是祖母去世，跟着蘇先生的姐姐也死了。後來，蘇先生的母親和老街坊混熟了，才知道原

來那幢房子裏發生過兩件命案。第一件是一個舞女被人謀殺，埋屍在東廂地板下面，後來巡捕房把屍體掘了出來。第二件是前一個住客幹的。那家男主人姓王，在海關工作。他的太太兇得很，有一次在二樓後面的陽台一腳把一個小奴婢（廣東人習慣叫「妹仔」）踢下廚房，摔死了。後來這姓王的升了官，調到福州去，所以才離開大屋。

蘇家家道中落，於是把正廳上的二樓租了給一家姓丁的夫婦。丁先生是做草藥生意的。奇怪得很，丁家住了半年，生意卻越來越好。有一天，丁太太和蘇先生的母親談起來，談到那房子的歷史，丁太太才說出她的奇遇。原來在丁家搬進來的那天晚上，丁太太在夢中見到一個少女站在牀沿，不停地向她要吃的。丁太太醒來後，覺得很奇怪，立刻端出食物，在房間的角落和陽台拜祭一番。後來，那少女偶爾又在丁太太的夢中出現，並且要食物，丁太太也總是有求必應。丁家的生意就越來越好了，他們都相當肯定是那個小奴婢的鬼魂暗中相助。

不多時，蘇先生的父親病了，而且病得不輕，於是搬到樓下偏廳後的房間休養。蘇老先生病得昏昏沉沉，彷彿時常看見一個披頭散髮的女人在房間。一天，蘇老先生有一位舊學生叫莫民慶的，聽說老師大病，就來蘇家探望。莫民慶沿着正廳和偏廳往房間走。他還沒踏進房間，忽然一陣陰風奪門而出，一個披頭散髮的女人和一個頭上帶孝的老婦從房間走了出來，經過他身邊；他回頭一望，那女人和老婦都不見了。這位莫先生嚇得雙腿發軟，險些暈了過去。他匆匆探過病，也不敢說甚麼，就回家去了，跟着就病了一個多月。後來他病好了，而蘇老先生也竟然痊癒得很神速。那時候，莫先生才敢把當日所見說出來。他所見的那個女人，和蘇老先生所見的一模一樣，大概是那個舞女的鬼魂；至於那個老婦是誰，就沒人曉得了。

　　蘇先生的父親病好之後，蘇家和丁家就一同請了道士來做齋醮法事，超度冤魂，請它們遠去。三天之後，丁太太又夢見那個少女。少女首先謝過他們為她做的法事，跟着就說，她本來想去找姓王的那家人，

可是姓王的當時「鴻運當頭」（這四個字丁太太記得最清楚），她不敢去。所以，她還得留在桃園坊九十九號。他們沒法，只好給她做了一個靈位，在二樓後面的陽台供奉。靈牌上的字是蘇先生寫的。那女鬼的名字是「馮幗英」。

一年後，蘇先生的十四妹患了飛漿白疹，危在旦夕。所謂飛漿白疹，就是每顆疹粒都灌了膿。十四妹當時還不到兩歲，痛得要命，啼哭不止。蘇先生的母親在樓上日夜陪伴着小妹妹。一天晚上，這位母親半睡半醒，迷濛中看見一個彪形大漢站在牀沿，伸出毛茸茸的雙手，把妹子抱走了。第二天早上，那小女孩就氣絕了。

自從十四妹死了之後，蘇家再沒有怪事出現。一九三七年，盧溝橋事變。蘇家和丁家都搬到法租界去了。到了今天，聽說桃園坊那幢房子並沒有拆掉。莫民慶現已七十高齡，仍在上海。

講了一大堆的鬼故事，只是說明了鬼的變化多端，同時又都是「人格化」的。即是說，它們像人，而表現也很合乎人性。但是，這是不是鬼的本性呢？如果我們用人性來衡量鬼性，那鬼就只不過是人的想像力的製成品。甚麼地獄、甚麼枉死城，可能都是前人在想像中構造出來的。中國人總覺得死後是很痛苦的。可是，我去年看過一本雜誌，它說美國有一位牧師，死後常常通過靈媒跟世人談話。他表示他死後很美妙、很舒暢，他要永遠停留在這種狀態之中。至於怎樣舒暢，他說活人是不能明白的。

當然，活人怎麼可以明白死人？但是死人就可以明白活人，因為死人曾經活過。活人也可能曾經死過。問題在於，我們這個肉體顯然是一個很大的障礙；有了這個肉體，我們就不能明白死後的一切了。

說到活人可能曾經死過，可以再舉一個實例。我在美國工作的時候，見到一些催眠家真的很有功夫；他們先把人帶入睡眠狀態，然後再把他們漸漸引領到

以前的日子——青年、少年、童年。當然，受催眠的人要經過一段長時間，經過很多次的催眠，才能記憶起以前的事。一般人最遠就只能記得童年的事；但是偶然遇到一些很容易接受催眠的人，催眠家就可以帶領他們的記憶跳過一個大關口——到前生去了。這就是說，活人曾經死過。如此類推，死人也可以再活。可是，死人未必想再活，正如那位死去的牧師表示，死後的環境很好，他願意永遠留在那個環境。不過，他願意是一回事，宇宙的主宰肯不肯讓他得償所願是另一回事。可能有一天，他也要被逼投胎轉世哩。

說起宇宙的主宰，說起投胎，我又記起兩件事。先說第一件事。我以前看過一篇文章，內容是說一個外國婦人追述她和鬼魂交往的經驗。這個婦人喜歡古典音樂。有一個時期，她能夠跟鬼魂接觸，於是她就在不同時間請了很多古典音樂家像蕭邦、莫扎特來。他們跟她談音樂，還為她奏音樂。她回憶這些鬼魂出現時的情景，除了屋內像籠罩了一層薄霧之外，最特別的，就是這些鬼魂走動時是不避開家具的。換句話

說，實物阻擋不了它們。但是從它們的反應上看，又知道它們覺得實物的存在。這個婦人不敢問它們別的事情，它們也不會和她談音樂以外的事情。當鬼魂逗留一個短時間，這個婦人就會發覺它們說話的聲音越來越輕，甚至只見他們張口，卻沒有聲音。到了這地步，鬼魂就會告辭離去，消失在薄霧之中。有一次，這個婦人禁不住好奇心的驅使，大着膽問鬼魂，有沒有天主這回事。那鬼魂就告訴她，宇宙是有主宰的，卻不是宗教的天主。那婦人問它那個主宰是甚麼，鬼魂只淡然告訴她，說她是不會明白的。如果這個外國婦人的經歷是真的話，我們又可以推想活人知道的是多麼少。

第二件事是有關投胎轉世的。我太太一位同學的母親就有過這樣奇特的經歷。她是長女，十一歲左右，她的母親要生第二個小孩了。那時候還很習慣在家分娩。母親臨盆在即，接生的嚴陣以待，其他的人又燒水，又抓毛巾，亂作一團。這些事當然沒小孩的分兒。所以她就獨自一個人坐在大廳裏。突然間，一個身穿

深藍色旗袍的長髮女人在大廳的另一邊出現，莊重地走到祖先靈位面前，慢慢地鞠了三個躬，然後繞過旁門，往房間裏去。小女孩很驚奇，立刻跟着走進去，就在那個時候，房間傳出了呱呱的聲音。她添了一個妹妹 —— 也就是我們那位同學的阿姨了。日後，那位同學的母親還要負起照顧妹妹的責任。她一望着妹妹，就不禁想起在大廳裏曾經見到的情景，害怕得很。妹妹長大後，樣子越來越像那個長髮女人；但是同學的母親也長大了，開始明白到投胎轉世的道理；再想想自己也可能是這樣來到人世間的，也就不再害怕了。那位同學的阿姨一直留在大陸，同學的母親就來了香港定居。

可見，人鬼的界限是很微妙的。人死了是不是一定都成為鬼魂？究竟一個人死後的鬼魂仍然保持死前的特性，因而每死一次就是一個新鬼；還是鬼魂不變，只是每次投胎卻做不同的人（或者其他動物），而死後還是那個不變的鬼魂？鬼的世界是怎樣的？為甚麼鬼要現形給我們看？推遠一些，鬼會不會死？死了之後

又會成為甚麼？又倒推一下，成為人之前的我們是甚麼？「成為人之前」之前的我們又是甚麼？我們可能是人、鬼、人、鬼地轉化，有時還變成其他動植物。但會不會在人、鬼之前和之後，還有很多種不同類型的存在呢？

這一切，宗教是解釋不了的。因為這不是人可以了解得到的問題；而宗教是人發明的，所以宗教不能解釋這些問題。縱使有一些宗教人士嚷着說，他們可以和神溝通，但是，神要和低能的人類去溝通，能說些甚麼呢？

我時常對人說，我們居住的空間，可能已經有千千萬萬的世界同時存在。聽起來可能難以置信，這麼多世界，豈不是擠死了？可是我們不要忘記，一堵牆可以阻擋人，但是阻擋不了鬼；一道靈符有時候可以阻擋鬼，但是阻擋不了人。每樣存在物的構成體不同，彼此不一定會構成障礙。人可以看到和接觸到的東西是有限的。一本書，我們可以看到，可以觸摸到。

無線電波我們就看不到，也觸摸不到。我們又怎知道同一個空間不會有千千萬萬的存在物是我們看不到、摸不到的？我們用肉眼看東西，只能看到物體發出或者反射的某一段頻率的光，較短和較長頻率的光我們就看不到了。貓和狗能夠看到人看不到的光。我們可以推想，鬼所發出或者反射出的光，有時貓和狗或者其他動物是可以見到的。所以，每當夜靜，如果我們見到一頭狗獨自向着空氣狂吠的話，我們可以推測牠看到人看不到的物體，那可能是鬼。最近一位朋友才說起她祖母死後回魂那個晚上，他們恐怕家貓不安定，就先把牠綑起來。怎知到了深夜，那隻貓突然狂性大發，亂叫亂跳，終於掙脫了繩子，穿過窗口直奔馬路上，給汽車輾死了。他們的唯一解釋是：那隻貓見了鬼。

剛才說到鬼魂發出或者反射出的光，只不過是我的一點謬論。根據現代科學，發熱的「物體」（例如人、貓）可以發出光；不能發熱的「物體」（例如一本書）可以反射出光。而現代科學卻不能證實鬼是「物體」。不

過，我既然一直都在發謬論，也不妨在這裏假設鬼魂是一種未得到科學證實的「物體」。

聽一些見過鬼的人說，鬼魂出現的時候，周圍的空氣會變得寒冷。如果用一個不合現代科學的方法去解釋，鬼所發出的光頻率可能很低，人的肉眼看不見。如果鬼要在人眼前顯現，它就要吸收周圍的熱，才可以發出人眼可以見到的光，那才可以把人嚇到死去活來。不過，聽老人家說，人嚇人可以嚇死人，鬼嚇人卻嚇不死人，想想也很有道理。正如莎士比亞戲劇裏哈姆雷特說他不怕鬼；因為如果那個鬼把他弄死，他自己也變成鬼了，大家就都成為不朽。言下之意，到時極其量變成鬼打鬼，原來的那個鬼也沒有甚麼好處哩。

從另外一個角度看，在同一個空間，可能有另外一個世界的存在物，他們平常也看不見我們。但有時候因為他們有「陰眼」（或「陽眼」），他們就可以見到我們。有時候我們身體發出特殊頻率的光，連那些沒有「陰眼」（或「陽眼」）的存在物也看見我們了，被嚇

得死去活來。我們在他們心目中可能就是鬼，只不過我們不知道罷了。

有些人天生「陰眼」，隨時隨地看見鬼。鬼當然不會去惹這些人，這些人也不會怕鬼。不過天生陰眼的人就平白少了一般人應有的樂趣 —— 因人的愚昧和好奇所造成的、對一切和鬼有關的東西又愛又怕那種樂趣。看官，你可曾想過，當你在看這篇文章的時候，有不少的鬼魂，可能也在你周圍和你分享個中樂趣哩！

(一九八二年稿)

人類的天性
——迷信

人類的天性 ── 迷信

「甚麼是迷信？」「迷信就是信奉一些不存在的神靈，例如進廟宇拜偶像就是了。」以上是我在一間天主教中學讀初中時老師告訴我們的。

有些迷信也不一定和信某些神靈有關。洋迷信認為「十三」是一個不祥的數字，廣東迷信認為「十三」是一個吉祥的數字，兩者都只是下意識覺得這個數字有一種神秘力量存在，沒有明顯地牽涉到某些神靈。我這裏不打算談這種迷信。

談到迷信，我不禁想起國父孫中山的一則逸事。他年輕時（根據一般記載，當時是一八八三年秋天，國父十七歲），在故鄉見到很多人在北帝廟上香膜拜，求北帝保祐。他看得不順眼，於是跑到北帝神像跟前，

把神像的一隻手折斷了，好讓拜神的人看，這個神既然自身難保，又怎能保祐他們？

我從這件逸事發現了一些問題。究竟當時那位年輕的孫中山認為北帝這個神不存在，還是認為土偶不能代表北帝？如果他認為土偶不能代表北帝，他的觀念就大抵和新教派不拜聖像的觀念差不多。如果他認為天地間根本沒有北帝這個神，那他當然就認為信奉北帝是迷信了。如果他認為信奉北帝是迷信，那麼他究竟是指雖然北帝這個神不存在，而天地間卻還有別的神；還是指天地間根本沒有神？

說到這裏，我們要先決定「神」是甚麼。簡單地說，我認為神是可以降福和降禍給我們的一種超自然的存在。神既然有這種支配我們的力量，所以我們才信奉祂，希望得到一些好處。

如果孫中山當時認為天地間沒有北帝這個神，但是有別的神，那麼，他雖然反對人們拜北帝，卻未必

會反對人們拜觀音，也未必會反對人們進教堂。如果他認為神根本就不存在，那麼，他不但要折斷北帝像的手，而且還要去折觀音像的手，折佛像的手，折聖母像的手，折耶穌像的手：他的一生，簡直要忙着折神像的手忙到沒有時間當國父。

我們有沒有想過，「以無為有」是迷信，但是「以有為無」或者「以未知有無為無」其實也是迷信？像國父那樣，他如果真的認為相信北帝存在是迷信的話，我也可以說，他不相信北帝存在也是一種迷信；因為沒有人可以肯定北帝存在不存在。北帝像的手可以折斷，因為它只不過是一個偶像。孫先生是基督徒，他當然不會去折耶穌像的手。可是他大概知道，如果他要折耶穌像的手，耶穌像的手也一樣可以折斷。人世間每一個偶像的手應該都可以折斷。偶像不是神，所以折斷偶像的手不等於折斷神的手。偶像是人做的，不是神做的。出於人手，毀於人手，最合適不過。反過來說，折斷偶像的手，並不表示那個神不存在，也並不表示那個神自身難保，不能再降福或者降禍。即

以國父此舉為例，我們又何嘗不可以說，因為他年少無知，折斷了北帝像的手，所以北帝使他勞碌一生，而終於在中國四分五裂、在「革命尚未成功」的時候含恨死去。

我不相信天地間沒有神。一隻手錶、一副電腦、一個人造衛星、一架太空穿梭機，都有它們的製造者和控制者；而如此複雜神秘的宇宙和它的生物又怎麼能夠沒有主宰？如果有，這大概就是神了。當然，我所說的這個神，是指那位先天地而生的、至高無上的神，不是指其他的神，更不是指由人變成的神。這位先天地而生、至高無上的神，《老子》叫作「自然」；這個「自然」，其實就是神。因為我們沒法知道神是甚麼形狀的，也沒法領略祂的威力，所以給祂一個完全不「人格化」的名字，的確相當恰當。可是，一般人卻沒法了解以「自然」為「神」的意義，因為「自然」太抽象、太空虛、太不像人了。你看那猶太人的天主，祂的畫像不正是一位莊嚴的老人嗎？你再看希臘奧林匹斯山上的神，不都是人的模樣嗎？中國傳說中開天闢

地那位盤古氏，也是人的形狀。人類把神賦予人的形像，正顯示出人類思想的狹窄。天主教塑造出來那至高無上的天主，為甚麼一定要像人？又或者為甚麼人要像天主（舊約《聖經》說人像天主的形狀）？在這個無窮無盡的宇宙裏，極有可能有一些比人類強萬千倍的生物存在，只是我們還未知道它們在哪裏罷了。萬一它們又不像人的話，那天主究竟像人好呢？還是像那些比人類強萬千倍的生物好呢？問題在於，如果祂真真正正是宇宙主宰的話，那麼，祂就是地球人的主宰，也是太空怪獸的主宰，也是細菌的主宰，也是老鼠的主宰，也是蟑螂的主宰。祂究竟像甚麼才好呢？我們可以說，因為祂是宇宙的主宰，當然是法力無邊的；所以祂在人類面前就現一個人身，可能在太空怪獸面前祂就現一個太空怪獸的形狀。這也不可靠，為甚麼祂要現一個人身？難道要討好愚笨的人類不成？為甚麼祂不能現一個螞蟻一般的身？如果說祂現一個螞蟻一般的身，恐怕人類就不容易接受祂了；那我可以說，既然祂是至高無上的主宰，祂哪裏管你接受不接受祂？我們何嘗理會一隻螞蟻接受不接受我們？所

以我想，天主教塑造出來的那位至高無上的主宰──天主，不會是真的至高無上的主宰，因為祂太像人，祂充滿了人性的弱點：器量狹隘，妒忌，有很大的虛榮心而沒有自信心。天主不容許我們信奉其他的神，這顯示祂妒忌。你信仰別的神，祂就鬧脾氣了，不准許你進天國，可能還要把你打下地獄永遠受苦，作為報復，這顯示祂器量小。祂需要人去信奉祂，這顯示祂有虛榮心，卻沒有自信心。這樣的天主，只不過是人的投影罷了，哪裏會是宇宙的至高無上主宰呢？因為人性的致命弱點太多了，人類是注定要滅亡的。如果天主又有這麼多人類的弱點，祂早晚也要滅亡。所以，我推想真正的天主（即宇宙萬物的主宰）不會是這樣的。祂應該是怎樣的，人類絕對沒有可能知道，大抵也沒有可能想像得到。但是人類是有想像力的，所以也不停地想像，不然宗教就不會出現了。我想像那位真正的至高無上的天主（叫祂天帝、上帝、天父，總之甚麼都可以），既沒有人形，也沒有人性，是我們沒法形容的。可是人不能理解這麼抽象的東西，所以硬要給祂一個形狀，而且還是和自己近似的形狀。所以

我們看看現在的聖誕賀片，那聖母聖嬰，除了是常見的白人樣子外，現在已經有中國人的樣子、非洲人的樣子，都是希望神多像點兒自己而已。其實這都是自己騙自己，是一種迷信。

當然，我們也可以反過來說，既然天主是至高無上的，你就說他像甚麼都可以，他可以同時有無窮盡的形貌。如果是這樣，我們為甚麼還要去搞宗教集團的小圈子，說這迷信，說那迷信，進而互相排擠？因為那個既然是至高無上的主宰，祂就同時可以是中國神、猶太神、猶太人跟隨摩西逃難時拜的金牛像的神、以至受路上行人膜拜的石頭的神。如果我們硬要認為那位猶太神才是真神，那就未免太過固執了。

除了天主教以外，其他的宗教我不熟悉。中學時聽那些修士恣意批評迷信，多次引起我的反感。總之，在他們心中，除了信奉《聖經》的天主外，信甚麼的神都是迷信。中國人拜祖先、拜中國神也是迷信（好像中國不應該有神似的；其實歐洲又何嘗有天主？天主

教那個神也不過是猶太神，是中東的），聽上去真是很可笑。他們就是非常迷信的一羣。

當我還是小孩子的時候，在香港到處可以看見人拜石頭、打小人，婦女們燒起衣紙，向路旁一些形狀奇特的石頭膜拜求福。小孩子生了病，屢醫無效，母親如果懷疑他中了邪，就會請一個專業「打小人」的老婦，在路旁拿起拖鞋拼命地打那小孩的衣服。他們相信這樣可以驅邪。我的一位小學老師常告訴我們這是迷信。「石頭是一件死物。人是有生命的，卻去拜一件死物，所以這就是迷信。」其實，老師這樣說，就已經表示了她自己迷信，因為她迷信石頭只是一件死物。不幸的是，那些拜石頭的人都是沒有受過甚麼教育的，沒受過教育的人和一般知識分子似乎承受着不同的傳統。可是問題在於：我們很難肯定一塊石頭有神靈；但我們也很難肯定一塊石頭沒有神靈。如果肯定說石頭只是死物，拜也沒用，這當然是一種迷信了。我小時候，有一次發高燒，看了醫生，過了好幾天還不退燒。母親就拿了我的衣服去找人「打小人」驅邪，聽說

還很有效哩。

　　這個世界上，不可思議的事情太多了。拿了一個人穿過的衣服去打，可以為那個人驅邪；同樣地，拿了一個人常用的東西，也可以下「降頭」給這個人。這種巫術，今天在東南亞仍然流行。幾年前，香港一位名人得了怪病死去，當時就盛傳他在東南亞給人下了「降頭」。後來一位朋友告訴我，他在菲律賓的碧瑤見過一個巫婆。就是這個巫婆教了一個女人「蟲降」（以別於「魚降」等等）的巫術，用到那位名人身上去。他說要解「蟲降」，只能找法師念咒語，醫生就無能為力了。我這位朋友是一位堪輿學家，在東南亞很負盛名。以這位朋友今天的地位，他這樣告訴我，我很難完全不信。

　　到過曼谷的朋友大概不會不知道那個位於曼谷市區街頭的「四面佛」吧。這個佛像當然又是死物一件，卻聽說非常有靈氣。很多人都到佛像面前膜拜許願，「得償所願」之後就來還願，所以香火很盛。我盡量不

和鬼神做交易，所以沒有去拜過它。說起許願，各位可能聽過以下這個故事。從前，一個少女到那個四面佛像跟前許願，她應許如果中了彩票頭獎，就在四面佛像面前跳脫衣舞。無巧不成書，她居然中了頭獎。但問題來了。大概她許願時真是以為說說便算的；她也許做夢也想不到，她要在佛像跟前跳脫衣舞還願。如果不守諾言，她又恐怕四面佛會懲罰她；但是她怎可以在鬧市跳脫衣舞呢？她自己不介意，法律也不會容許。終於她的家人就和政府有關部門安排好，在佛像周圍張起布帳，那少女就在帳裏脫衣還願了。如果這個故事是真的話，你可以說這一切都是巧合。可是，如果你是她，你敢不還願嗎？

有人說，這四面佛好色，我卻認為未必。第一，祂是佛，少女是人，佛未必有興趣看這少女的裸體。母狗也不穿衣服，但絕大多數人對母狗的裸體不感興趣。如果這四面佛真的希望一看這少女的裸體，以祂這麼大的法力，走去看她出浴不就成了？反正看了她，她也不知道。第二，這個願是少女不顧後果、胡亂許

下的，四面佛沒有強迫她。大概她本來也不相信一尊沒生命的佛像可以有這樣的能力。所以我反而很欣賞這位四面佛的幽默感。不過我敢相信，如果你以為有先例可援，懷着故意色誘四面佛的目的去許願，你的願望卻未必會達到。

一件死物具有這樣大的力量，真的不可思議，唯一的解釋就是神靈附了上去，於是這件死物就成為那神靈的代表。天主教極力反對人拜別的神，但卻鼓勵我們「尊敬」耶穌像和聖母像。所以天主教也不一定反對人拜死物的，重要的是這件死物給刻成甚麼形像。有一些新教派卻很反對人拜聖像。我起初不大明白這道理，還以為他們直追佛教禪宗。後來在美國工作，常常收到一些新教派的傳單，終於看到一篇有關的文章。原來他們認為聖像是魔鬼寄居的地方，文章裏還列舉了一些故事去支持這種說法。其中一個故事說的是，有個女人一連很多個晚上受到某種無名力量的困擾，後來她發覺原來問題出在她房間的聖母像裏，於是她把聖母像扔掉了，從此沒事。

拜不拜聖像，我沒有興趣，反正我不拜。最豈有此理的是，我在威斯康辛大學教《易經》，有幾個「基督復臨安息日會」的教徒卻走來告訴我，我是在講授魔鬼的學說，又說我導人迷信。我的天！中國有《易經》的時候，那套猶太《聖經》還未寫出來，歐洲的人還未認識耶和華，他們有甚麼資格把天主以外的一切都當成魔鬼？他們的無知，我有時真是感到難以忍受。有一次，我把其中一個女孩子當眾辱罵一番；她受不了，精神崩潰，進醫院住了三個多星期。

這些新教派還有一樣更豈有此理，就是把鬼魂當作魔鬼的化身。因為他們相信人死後的靈魂是不會在世間走動的；所以，如果我們見到鬼魂，他們就肯定這是由魔鬼變過來欺騙我們的。用他們的宗教術語來說，這就是魔鬼給世人的一種「誘惑」。硬要說鬼是魔鬼化身，就已經是一種強烈的迷信。不過，這種迷信，在傳統的中國社會恐怕很難被人接受。中國人都有「敬祖」的觀念，我們相信人死後會「回魂」。沒錯，我們相信先人的鬼魂會出現，但是我們不會刻意去想先人

的鬼魂究竟是善的還是惡的。而《聖經》中的魔鬼卻是極惡的。把出現在我們面前的先人靈魂硬說成魔鬼，豈不是極大的侮辱？

　　老實說，我們有誰不迷信？我迷信天地間有神；有些人迷信沒有神，有些人迷信有《聖經》所說的那位天主，又迷信有魔鬼，而迷信沒有其他的神。這一切都是迷信。有神論雖然是迷信，但總比較溫和一些；無神論似乎太沒有人情味。宗教就太執着一個或不止一個「人格化」的神，是很深的迷信了。天主教的教宗沒見過天主，基督教的大主教沒見過上帝（同神而異名），他們怎知道真神是怎樣的？就算他們見過，他們又怎麼能夠肯定他們所見的就是真神？我推想，神和人的智慧應該相距無限倍數，人又怎能夠明白神？我們怎麼能夠肯定那位天主、上帝，不是宇宙那位至高無上的真神手下的一名小神，或是一名小鬼，甚或根本就不存在，只不過是古猶太人筆下的一個角色？

　　迷信是人的天性，我們是無可如何的。所以，每

一個國家為了政治上的需要，都鼓勵人民迷信（迷信宗教、迷信有神論或迷信無神論）。不過，每個人都執着自己的迷信，不肯饒人，衝突就自然多了。

　　說了這許多，我也充分表現了我的迷信。

（一九八二年稿）

迷信的典型

—— 宗教

迷信的典型 —— 宗教

　　我在上一章發了一頓關於迷信的牢騷，意猶未盡。這裏我打算談一下迷信的典型 —— 宗教。

　　宗教基本上是一種迷信，這是無庸置疑的。我在上一章說過，「以無為有」、「以有為無」和「以未知有無為無」都是迷信。在這裏，我要補充一句，「以未知有無為有」其實也是一種迷信。一般宗教正屬於這一類。

　　迷信本身沒有甚麼大問題，反正每個人都迷信。不過，一個迷信的人不承認自己迷信，卻去批評別人迷信，那就未免有點可笑了。最近翻開一本天主教《要理問答》，它這樣說：「問：『為甚麼該當恭敬天神、聖人呢？』答：『因為他們都是天主的忠臣愛子，常為我

們轉求天主。』問：『我們也當尊敬聖像麼？』答：『也當尊敬，因為尊敬聖像，就是恭敬聖像所表現的神聖，又能提醒人熱心。』問：『我們恭敬天神聖人，同外教人敬邪神，拜偶像，有分別麼？』答：『大有分別。恭敬天神聖人，合於正理，引人歸向天主。敬邪神，拜偶像，出於迷信，引人背叛天主。』」這一番對話，非常清楚地指出：（一）天主教的天神是正當的神，外教的神是邪神；（二）天主教的偶像是神聖的，所以叫做「聖像」，外教的偶像是邪惡的；（三）信天主教的神和尊敬天主教的偶像不是迷信，信外教的「邪神」和拜外教的偶像才是迷信；（四）言下之意，一個虔誠的天主教徒是神聖的，一個虔誠的外教人卻是邪惡的。不過，哪些宗教算是「外教」？哪些神算是「邪神」？「邪神」究竟存在還是不存在？如果存在的話，那我們就很難說信「邪神」是迷信，頂多只能說信「邪神」的人以邪為正。如果「邪神」根本不存在，那它們就無所謂正邪了，為甚麼還要叫它們做「邪神」呢？這些問題，《要理問答》的作者都根本沒有弄清楚。既然《要理問答》代表了天主教會的「官方」立場，前面所引那幾條問答

就顯示了天主教會的「官方」立場有不少漏洞，而且顯示了天主教的強烈迷信。

我對一般宗教認識都不深，不過，我從小就在一間天主教英文書院讀書，新舊約《聖經》倒也稍為看過。在我看來，裏頭有不少無聊的故事，尤以舊約《聖經》的故事為然。例如亞當夏娃的故事，和一般早期的神話有甚麼分別？但是學校裏的修士都似乎毫不置疑。有一位比較喜歡自作聰明的，還推想亞當夏娃是猿人的模樣，去迎合進化論的說法，真令人有點兒啼笑皆非。

天主教迷信一個「人格化」的天主，同時又相信這個天主是至善的。教會借了這個天主的名義，制訂了一套崇高的道德標準，叫我們遵行。本來，行善是不錯的；不過「善欲人知，不是真善」。天主教徒行善，卻要讓天主知道，以便死後能進天國。因此，天主教徒的行善，只不過是一項交易。比較起來，孟子勸人行善的方法就清高得多了。孟子說每個人的心底都有

善的種子，何以見得？孟子的試驗方法很簡單，當你看見一個小孩子快要掉進井裏頭的時候，你心底立刻會有一種不忍見到他墜井的反應。這種反應，就是從你與生俱來的善的種子發出的。只要你用心栽培這善的種子，你就成為一個善人。而孟子學說的偉大處，在於為行善而行善，是沒有附帶條件的。他談的是心性之學，所以也沒有借用神的名義，擔保行善的人死後可以到天國去。他只是教我們自行修養，默默地幹；凡事問自己的心，不用唱甚麼高調。孟子的學說當然不是人人都可以實踐的，因為要實踐孟子的學說，就得摒棄私欲，但是有多少人能夠摒棄私欲呢？沒有私欲的人也不是正常人了。幸而不能實踐孟子學說的人，頂多就是做一個「小人」，也沒有甚麼更嚴重的後果。可是，一個天主教徒如果不能摒棄私欲，他就不可能愛他的鄰人。這樣他就違背了耶穌的訓示，恐怕進天國的機會要大打折扣了。如果一個傳教士不能摒棄私欲，卻又去說教，那他就是「神棍」，恐怕他進天國的機會就更小了。

我所認識的天主教很獨裁。天主和耶穌兩父子的金科玉律固然不能違背，還有那位「無訛」的教宗的意旨也有無上的權威。天主第六誡不准許殺人，看來不容易觸犯。可是教宗有明命，墮胎一律當作殺人。我倒要看看有多少基督徒不是殺人犯了。人工避孕也違背了天主要我們多生多養的訓示。教會唯恐我們犯的罪不夠多，還列出「七罪宗」給我們犯。那「七罪宗」是：驕傲、慳吝（英文是 covetousness，教會譯作「慳吝」很不貼切，「貪婪」比較好）、迷色、忿怒、貪饕、嫉妒、懶惰。觸犯了其中一條，都有被打入地獄的可能性。很簡單，只要你星期天不到教堂去，你就是「懶惰」，而且還犯了第三誡。所以，只要你是天主教徒，我肯定你是一個罪人。你唯一清白的時刻，就是剛告解過、領了聖體的一剎那。之後，你還是要繼續犯罪的；不過到了下次告解，一切罪過又一筆勾消了。最不幸是橫死的教徒，因為他連告解的機會也沒有。恐怕他們的靈魂過不了聖彼得（天主教譯作「聖伯多祿」）那一關哩。

話又得說回來了。私欲是與生俱來的，而這個世界十居其九是不能摒棄私欲的普通人，教徒何嘗例外？傳教士又何嘗例外？做傳教士的原因多得很：失戀，家境貧窮，逃避這，逃避那；真真正正為了獻身給天主而做傳教士的恐怕不會多，即如當和尚也未必為了要宣揚佛法。傳教士既然多半是普通人，他們又怎樣去講解不容許私欲存在的教條而令人心悅誠服呢？到頭來還不是講一套，做一套。

　　我以前就讀的天主教英文書院，就是「講一套，做一套」的模範。按道理，天主教學校應該「引人歸向天主，立心向善」才對。但是，在那羣帶有戰鬥血統的愛爾蘭修士領導之下，我們的學校倒像一間瘋人院（瘋人是那些修士，不是學生），或者像「皇軍」時代的集中營。修士們個個摩拳擦掌，殺氣騰騰，對學生拳腳交加，好像前生結下血海深仇一般。曾經有一位修士追打學生，學生跑到街上逃命，修士拿着木棒窮追不捨，的確是一場活劇。上行下效，那些「遊於方內」的教師，當然也不甘後人了；方外和方內通力合作，倒

也培養了不少被虐狂的學生。不過還是那些「方內」教師最可憐，一方面要在學生面前作威作福，一方面又要盡「二等公民」的義務，在學校裏見到修士大人就鞠躬如也，誠惶誠恐，把脆弱的人性表露無遺。修士們卻真是天之驕子，他們哪裏會依天主、耶穌和教會的訓示去愛人？還不是和普通人一樣，恃勢凌人，給人吹捧一下就飄飄然？這當然不盡是修士們的錯，因為他們是人，人都喜歡特殊地位，喜歡弄權。只不過在天主教那些不近人情的標準映襯之下，他們就顯得言行不符、特別卑鄙了。

我在那間學校經歷過三個校長。第一個校長給我的印象不深，因為當時我的年紀太輕，一切都記不清楚。後兩個校長的行徑，卻不見得和天主教的精神很合得來。第二個校長個子高高，有點威嚴；他性子暴躁，不但喜歡打學生，而且喜歡當眾侮辱老師。第三個校長最有趣。他個子矮小，口吃，說話時雙手發抖，汗如雨下；他充滿自卑感，非常狐疑，見到女人就害羞，看得出他有嚴重的心理壓抑。有一次，學校要出

版紀念刊物，他竟然提議在刊物的第一頁放一張他的彩色照片（那年代彩色印刷非常昂貴，一般「校刊」負擔不起）。試想，這位修士校長頭髮銀灰，面色蒼白，衣服非黑即白，彩色照片看起來還不是等於黑白照片！真不明白一個方外之士竟然有這樣強烈的虛榮心。後來他知道很多人在背後笑他，也就不再堅持了。

沒有行政負擔的修士，更加橫行無忌。讓我描述一二。有一次，一位修士正在下樓梯，一個學生卻跑着上樓梯，兩人撞個滿懷。只見那位修士大人臉色一變，一言不發，舉起右手就橫劈過去；那個學生驚魂未定，左頰先中一掌，未及叫痛，右頰已經中了一下掌背，跟着左頰、右頰一連摑了不下七、八掌。掌風過後，修士大人留下那個雙臉紅腫、肝膽俱裂的同學，很滿意地拾級而下，消失在人羣之中。

又有一次，學校球場舉行級際足球賽，由一位修士做球證。這位修士個子高瘦，面色蒼白，藍眼睛裏閃着一絲神秘的光，有點兒像吸血殭屍。我們都很怕

他。當時，同學們剛吃過午飯沒事做，都去圍觀比賽。不多時，一位同學剛從外面吃過午飯回學校；大抵天主沒有給他甚麼智慧，他竟然不知道那是正式球賽，還以為只是一羣人在球場上踢球玩玩，正想去湊熱鬧，不期然走進了比賽範圍。說時遲，那時快，那位修士球證使出上乘輕功，一個箭步趨前，不由分說，右拳直取那小子腹部。只見那小子身子向前一彎，雙腿發軟，就跪了下來，慢慢地爬着離開球場。而那位修士，早已揚長而去，繼續做他的球證去了。

　　本來，在這些學校讀書不是沒有好處的，至少鍛鍊成銅皮鐵骨，無恥無良，這些都是在工商業社會生存的好條件。不過，從宗教的立場來看，這羣修士的教導方法無疑是錯誤的。耶穌教導我們仁慈、博愛，為自己鋪好進天國的路，這些修士們正好跟耶穌唱反調，把我們折磨到麻木不仁，我們將來怎樣到天國去？他們又怎樣到天國去？所以我禁不住想，是不是天主教的道德標準定得太高了？道德標準定得太高，很容易產生兩類極端的人：能夠迎合那些標準的，就變得

不近人情；給那些標準嚇怕了的，就變得自暴自棄。當然，如果你妄自修改那些標準，就是對天主教的大不敬。

母校的修士們引述耶穌說的話，教我們互愛，但他們彼此也不見得可以和諧相處。他們到底是人，少不免也在搞小圈子，勾心鬥角。有一次，一位修士在開學前一個多星期跟口吃校長吵了一頓，臨時申請轉校了。他剛好是我們大學預科的級主任，負責教英國文學。這一走，校方就手忙腳亂了，匆忙間把那位曾經在樓梯掌擊學生的修士調了上去。這個土包子哪裏懂英國文學？要進修又來不及，要承認自己學有不逮又的確是一件很痛苦的事，只好用高壓手段去箝制言論，做其駝鳥去了。我們上了一整年英國文學課甚麼也學不到，跟着的那個暑假，還要有勞本人帶着整班同學到調走了那位修士的學校去補課。

說起那個土包子，我又想起一件令人啼笑皆非的事。有一次他上「要理問答」課，講到墮胎、避孕等問

題。當時有一位同學問他，如果一位母親在生產時發生危險，醫生說要救母親就救不得孩子，要救孩子就救不得母親，那我們應該救哪一個？他想了想就說：「救那孩子。」一個這樣複雜的問題，他竟然可以略假思索就作出這樣簡單的回答，可見他的腦子有多大。好了，他這一回答，一連串問題就來了。如果救不得母親，那個父親豈不是成了鰥夫？其他的子女豈不是成了孤兒？這些損失，是不是一個大家對他沒有感情的新生命可以彌補？這樣辯論下去，土包子終於面紅耳赤，老羞成怒，禁止同學們再發問。不但這樣，他自己也不說下去了。於是大家靜默看書，直到下課為止。

我的太太以前是在一間由天主教修女經營的中文女校讀書的，一直讀到進大學為止。聽她說那些修女確也有她們的一套。有一位修女不停地宣稱，她已經嫁給了天主。又有一位修女禁止女學生們穿新式泳衣到海灘去游泳。她的意思是：應該穿得保守一點，和家人找一個僻靜的山谷去游泳，這樣才不致讓陌生人看到她們的身體。我的天！這倒是一套色情和暴力電

影的好題材哩。

關於這間天主教女校，還有一件值得一寫的事。一位家境不好的女學生，被家人送到學校的修院去當「修生」，因為修生在學校讀書是不用繳學費的。她的家人這樣做，無非為了解決當前的經濟問題。修生將來是要做修女的。聽說那位女學生平時很文靜，也不反對將來做修女，於是，她就進了修院，同時繼續留在學校讀書，頭髮就剪得短短的。過了一年多，這位修生的家庭環境有了起色，家人可以應付她的學費，就不願意她繼續當修生了，於是申請出來了。此後，這位女學生在學校的日子可難過了。有幾位修女深感給這女學生的家人利用了，「有仇不報非君子」，於是天天向這位女學生冷嘲熱諷，挑剔責罵。後來那位女學生的頭髮留長了，結了兩條辮子。有一天，一位修女竟然扯着她的頭髮，大罵她留長頭髮是「賤格」。這位女學生可能因為性格太過內向，抵受不了這種精神和心理壓力，也沒有告訴家人，終於精神崩潰了，從此自暴自棄，生活方式有了一百八十度轉變。後來怎

樣，不詳。

　　一般宗教照例鼓吹和平，導人向善。但是宗教到底是人造出來的，當然要受人利用。在某些人的手中，宗教就變成弄權和愚民的工具。在中古的歐洲，教宗有無上的權力，因為他們是天主的代表。他們既和君主爭權，又和世俗人一般腐敗。那時候，以天主教為國教的國家，都要看教宗的臉色。教會設有宗教裁判所，有花樣不少的酷刑；又假借天主的名義，處決了數以百萬計的教徒和異教徒。十六世紀時，英國的亨利八世要和妻子離婚，當然要請准教宗；可是教宗不批准。亨利八世忍無可忍，索性和羅馬教廷脫離關係，由自己做英國教會元首。到了今天，英皇還是英國國教的教主。但是，羅馬天主教和英國國教卻仍是信奉同一個神 —— 一個本來只有猶太人信奉的神。

　　十七世紀時，意大利的科學家伽利略證明了地球繞太陽而行，動搖了教廷一直以來以太陽繞地球而行的說法，觸怒了教宗。於是教廷把伽利略囚禁折磨，

逼令他撤回這種新學說。那時候伽利略已經七十歲，怎麼抵受得住？為了保存這條殘命，好讓他有機會把他的發現詳細地寫下來，他終於向惡勢力低頭，撤回他的說法。

到了十九世紀，教廷在政壇上已經抬不起頭來；但是當時的那位教宗也真了不起，竟然發明了一個「教宗無訛」的說法。理由是：教宗的每一句訓話，都是奉天主的命令而說的，所以不可能錯。這樣，教宗縱使不能和世俗的統治者爭一日之短長，也可以嘗試做一個不折不扣的精神領袖。廣東俗語叫做「死雞撐飯蓋」。

今天，教宗完全沒有政治和軍事權力，不得不以和平使者的姿態出現；不然，我才不相信一個教宗可以這樣和藹。

今天的教宗雖然這樣和藹，這樣愛好和平，但這個宗教王國的子民卻不見得受到他的感染。那些在北愛爾蘭和英格蘭到處放置炸彈、從事暗殺活動的愛爾

蘭共和軍，就是信奉天主教的。在美國，有一羣愛爾蘭裔的達官貴人，不停地經濟資助那些到處放置炸彈的北愛爾蘭人，自己就隔岸觀火，他們也是信奉天主教的。那些從事暗殺活動的北愛爾蘭人說，除非北愛爾蘭脫離英國的統治，否則他們不會停止暗殺活動。一九七二年五月，英國《泰晤士報》在北愛爾蘭做了一個民意測驗，看看當地人民希望英軍撤出北愛爾蘭還是留在北愛爾蘭。民意測驗的結果是，大多數人要英軍留下來。這個結果也不算出人意表，因為在北愛爾蘭，信奉基督教的人比信奉天主教的人還要多。這一來，英國政府可就進退兩難了。北愛爾蘭一天受着英國統治，北愛爾蘭的天主教恐怖分子一天不罷休。但是，如果英國放棄北愛爾蘭，那些基督教徒就可能會到處放置炸彈，直到英國再統治北愛爾蘭為止。這就是英國人那些窮兵黷武的祖先造成的惡果。如果他們不去征服愛爾蘭，又不大量移民到北愛爾蘭，就不會釀成今天的僵局了。

不過，那些到處殺人的北愛暴徒所提出的理由也

不成理由。很簡單，他們忘記了耶穌的教訓。在新約《聖經》裏面，耶穌說：「為義而受迫害的人是有福的，因為天國是他們的。」「你們不要在地上為自己積蓄財寶……但該在天上為自己積蓄財寶。」「你們先該尋求天主的國和它的義德……所以你們不要為明天憂慮。」（以上引自〈瑪竇福音〉）由此可見，基督徒的事業，都在天國，並不在這個紛亂的世間。耶穌又說：「若有人掌擊你的右頰，你把另一面也轉給他。」「你們當愛你們的仇人，當為迫害你們的人祈禱。」（以上引自〈瑪竇福音〉）又說：「有人拿去你的東西，別再索回。」「你們應當慈悲，就像你們的父那樣慈悲。」（以上引自〈路加福音〉）以色列人喊打喊殺，還情有可原，反正猶太人不承認耶穌是救世主，大可不聽耶穌的話。可是，北愛爾蘭人不聽耶穌的話就不能原諒了。本着耶穌的教訓，在人世間給信奉同一個神的兄弟統治一下，算得上甚麼？而且到處殺人，將來又怎麼能夠進天國去？

（一九八二年稿）

不要妄想
改變命運

不要妄想改變命運

我最討厭聽人家說甚麼「改變命運」或者「戰勝命運」。我也同樣討厭一些講歷史的人說:「如果當年洪秀全打進了北京,晚清歷史就要改寫了。」或者說:「如果滿清政府當時把孫中山殺了,近代史就一定改觀。」這些連三歲小孩子都懂的道理,還用他們說?這是把一些大家都知道的事當作大家未必知道的事來說,非常愚蠢。那些妄想改變命運的人,卻相反地把一些大家都不知道的事當作大家未必不知道的事來說,以不知為知,其愚更甚。我們可曾知道命運是甚麼樣子的?

說到這裏,我想應該先弄清楚我們心目中那個「命運」,究竟是「天命」(上天注定),還是「自命」(個人選擇)。對一個要向命運挑戰的人來說,命運當然是指「天命」。如果是「自命」的話,那它一直就是由自己操

縱着的，用不着跟它大戰一場。所以，要戰勝命運的人，其實是企圖把「天命」變成「自命」。如果是這樣的話，問題就來了。

你拿着一本書，書的形狀你可以知道；如果你還想知道它的輕重，拿它去稱一下就成。書在你手上，它是受你支配的。你可以好好地保存它，也可以塗污它，更可以把它撕成碎片。如果你要反抗一個「猛於虎」的苛政，你起碼要知道苛政和施政者的梗概。但是，命運不是一本書，也不是一個人為的政制。命運是神秘的，它有多大，有多重，有多強，我們一概不知道。既然我們連命運到底是甚麼都不知道，又怎能知道我們可以改變它？既然我們不知道命運的虛實，又怎能知道我們可以戰勝它？人的一生究竟全部都由命運支配，還是只有一部分是由命運支配？如果只有一部分，又是哪一部分呢？我們根本不知道。有人說：「做事用功和不用功是由個人支配的，在馬路上被不被汽車撞倒是由命運支配的。」在我看來，這只是瞎猜。我們怎知道我們用不用功不是命運安排的？比方說，

有一個人很倒霉，做事總不如意，這看來是命運在作祟了；但是他不氣餒，依然很努力地去幹，到後來終於成功了。他可能以為他改變了、甚至戰勝了命運。可是，他又可曾想過，他的努力，他的成功，都可能是命運的安排？命運甚至安排了使他自以為改變了命運。

西方文化是承認人有「自由意志」的。西方的宗教也承認人有「自由意志」去選擇好壞。猶達斯（基督教譯成「猶大」）所以是壞人，就是因為他為了金錢而出賣了耶穌。猶達斯既然為了金錢而出賣了耶穌，這就暗示着他這個取捨是經過思考的。我們相信猶達斯因思考而作出取捨，是通過他本人的自由意志的。因為他一定要運用他的自由意志，才須要承擔這件事的後果；如果他當時是「身不由己」的，那他頂多只是一個幫兇。但是問題又來了：如果天主早已安排了讓祂的兒子到人間來，犧牲性命去贖世人的原罪，祂總得找一些人去害耶穌吧（猶太教至今還不承認耶穌是天主的兒子，這裏姑且假設他是）。那個猶達斯可能早就給交派了害耶穌的任務。既然是這樣，耶穌和猶達斯就

只不過是天主的兩隻棋子。耶穌的死是注定的，猶達斯害耶穌也是注定的。沒有猶達斯害耶穌，天主也得安排別人去害耶穌（其實司祭長要找人捉拿耶穌，用不着猶達斯帶引。《聖經》硬要說他出賣耶穌，倒有點兒小題大做）；假如沒有人害耶穌，耶穌怎會死在十字架上？耶穌不死在十字架上，我們的原罪由誰來贖？由此看來，猶達斯實在肩負了很重要的使命 —— 害死耶穌，因而使世人有機會得救。可是，猶達斯做這件事，究竟有多少自由意志在裏頭呢？

中國傳統文化雖然沒有「自由意志」這個明顯的觀念，但是「心」這個哲學概念就近乎自由意志。充滿宿命意識的占卜學、相學、命學，都不否定「心」的自主能力。命相兼談「命」和「運」，占卜則主要談「運」。它們談的命運，絕對是「天命」，看來是不能改變的；但是我們下意識卻不想承認天命不能改變。何以見得呢？我們找人算命、看相和占卜，主要當然是要看看命運為我們安排了甚麼，而同時，我們多少總希望能夠「趨吉避凶」。只要我們有「趨吉避凶」這個念頭，

我們下意識就已經認為我們有自由意志，而且希望可以因我們的自由意志而改變命運。但是，我們也不得不承認，有時候我們又會覺得命運的安排是避無可避的。那麼命運和自由意志的關係究竟是怎樣的呢？

在中國的神秘宿命學之中，相學似乎把命運和自由意志的關係弄得最糊塗。相學的經典著作麻衣〈神異賦〉說：「法令入口，鄧通餓死野人家；螣蛇鎖脣，梁武餓死〔一作「亡」〕台城上。」這是命運操縱人生的兩個例子。因為命運要這兩個人餓死，所以給他們一個餓死的相格。法令紋是從每邊鼻翼向下斜伸的紋，每一個人都有。漢文帝的寵臣鄧通的法令紋卻有些特別，他的兩條法令紋的末端和兩邊口角連起來，這叫「法令入口」，又叫「螣蛇入口」，表示那人會餓死。當時有一位著名的相士叫許負的，就說鄧通將來會餓死。漢文帝為了要使許負的預測不靈驗，就把四川的銅山賜給鄧通，讓他自鑄銅錢，世世代代享用不盡。鄧通於是富甲一方。文帝死後，景帝即位。景帝不喜歡鄧通，不僅把他罷免，還把銅山收回。跟着有人控告鄧

通私自把銅運出國外鑄錢，官府於是抄了鄧通的家，而且還判定他欠國家幾萬錢。鄧通不名一文，顛沛流離，終至餓死，應了「法令入口」的相法。

梁武帝的法令紋和鄧通的不同。他的兩條法令紋繞過嘴巴，在唇下連在一起，這樣子叫「騰蛇鎖唇」，也是餓死的徵兆。梁武帝晚年喜歡拜佛，不理朝政，大權旁落，終於導致侯景造反，打進建康，把他困在台城之上餓死。貴為一國之君，一樣要接受命運的安排。

說起法令入口，漢朝還有一個周亞夫。《史記》記載得很清楚。周亞夫和鄧通同時，也是給漢景帝間接害死的。有一次，許負見到周亞夫，對他說：「君後三歲而侯。侯八歲為將相，持國秉，貴重矣，於人臣無兩。其後九歲而君餓死。」周亞夫當時覺得很奇怪，因為既然把他說得這樣貴顯，為甚麼他竟然要餓死呢？許負指着他的口說：「有從〔「縱橫」的「縱」的另一個寫法〕理入口，此餓死法也。」其後許負的話一一應驗。漢文帝封周亞夫為侯爵；文帝死後，景帝起初也

很重視他，拜他為丞相。其後君臣不相得，景帝於是疏遠周亞夫。亞夫的兒子有一次買了很多甲盾準備日後給父親作陪葬之用，竟然有人因此誣告亞夫要造反。景帝立即下旨把亞夫捉去審問，審問官說他買回來的葬物太多太貴重，直逼天子儀制，一定是希望死後在黃泉造反。亞夫被打入牢獄，五日不食，嘔血而死。

不過下面這個故事，似乎又認為命運是可以因人事而改變的。據說唐朝的名宰相裴度本來也是法令入口的，當時一位相士就說他會餓死。不但這樣，可能他的形格也不好，所以相士還恐怕他會潦倒終身。有一天，裴度遊香山寺，見到一個婦人挽着一個包袱走到寺裏頭，放下包袱跪下來拜神，拜過神就匆匆離去，卻忘了拿走那個包袱。裴度打開包袱一看，原來裏面有三條玉帶、一條犀帶。裴度就在香山寺看守着包袱，等候那婦人回來。不多時，那婦人果然匆匆跑回來了。裴度詢問之後，才知道原來那婦人的丈夫被人誣告，捉去官府治罪。那婦人幾經辛苦，才張羅到那些玉帶、犀帶到官府去疏通。由於她心神恍惚，拜過神竟然忘

了把包袱帶走。裴度當下把玉帶、犀帶都還給那婦人。後來裴度又碰見那相士，相士一看他大驚，說他一定是積了陰德。原來他兩條法令紋，來到口角竟然稍稍開了叉。開了叉才入口的法令紋就不是「騰蛇入口」，而是「蒼龍入海」，變成了富貴壽考之相。後來裴度果然出將入相，位極人臣。他找人為他繪了一幅畫像，自己題像贊說：「爾才不長，爾貌不揚。胡為將？胡為相？一點靈台，丹青莫狀〔你的才幹沒有長處，你的容貌不出色。你怎麼可以當起大將和宰相來呢？不過，你的一片心，卻是圖畫不能描繪出來的〕。」裴度把自己的際遇都歸功於自己的善心。所以巖電道人〈神眼經〉說：「位登宰相，自授夫犀帶之功。」而麻衣〈相心篇〉也說：「有心無相，相逐心生。有相無心，相隨心滅。」這樣看來，心似乎可以改變命運了。可是細想之下，又未必是。如果我們從命理上看裴度，會不會裴度的八字本來就是富貴壽考的呢？如果他是注定富貴壽考的，那麼他救人積德，就不過是命運安排好的一場戲罷了。再進一步說，縱使命理說裴度一生貧賤，而裴度竟然大富大貴，那也表示不了甚麼。因為八字

之外，還有很多不為人知的因素可以決定一個人的命運。而事實上，占卜命相只能夠看到命運的片面，根本就沒有一種學問能夠探得出命運的真相。

再回到相學。如果說心有自主能力，而有些相格根本就直指心術的好壞，那又怎樣解釋？〈神異賦〉說：「額偏不正。內淫而外貌若無；步走不正〔一作「平」，更合駢文規格〕，外好而中心最惡。腮見耳後，心地狡貪；眼惡鼻勾，中心險毒。腳跟不着地，賣盡田園而走他鄉；鼻竅露而仰，卒被外災而終旅舍。」這裏提及兩種走路的形狀。第一種是步走不平正，代表心裏面惡毒。這個現象有兩個可能性：第一，這個人先有惡毒的心，所以才「步走不正」，這是有諸內而形諸外；第二，因為他「步走不正」，不知怎的，他的心就變得惡毒了。如果第一個可能性是對的話，只要他的心不再惡毒，他走起路來就不會步履歪斜了；如果第二個可能性是對的話，只要他把走路的姿勢改正過來，他的心就不會惡毒了。從那段文字看，心術的好壞和走路的正與不正是互為因果的。換句話說，一個

心術壞的人走起路來，步履是不會端正的；而一個步履端正的人也不會有壞的心術。所以，從理論上說，一個「步走不正」的人似乎還有向善和改良走路姿勢的餘地。至於走路時腳跟不着地而潦倒他鄉，則又似乎跟心術無關，照理應該解釋為：命中注定這人要潦倒，所以從他走路的方式上就可以顯示出來。但是我們也可以這樣說，如果他改變一下走路方式，使腳跟着地，他大概就不會潦倒了。這也可以算得上以自由意志改變命運。至於他實行的時候碰到多大困難，那就是另一回事了。以上談的是怎樣用我們以為人力可以控制得到的方法去「改變命運」。可是，額偏不正、耳後見腮、勾鼻、鼻孔外露，卻是與生俱來的形格。這四種形格，除了鼻孔外露之外，都和一個人的心術有關。如果一個勾鼻子的人是內心險毒的話，我卻不能想像他會因為修養高了而使鼻子變成不勾。或者你會問，動手術把鼻骨磨直了心術是不是會好一些？這個我實在回答不出來。不過，在以前沒有這種手術的時候，在相學上，勾鼻就是險毒的標誌。姑勿論這人因為險毒才勾鼻，還是因為勾鼻才險毒，但無論如

何，造成勾鼻的那塊骨頭卻是不會變的。這樣看來，一個勾鼻的人根本就不可能改變他險毒的性格，而且大抵也沒有心意去改，因為他的勾鼻子已經確定了他那不變的壞心術。在這裏我就看不出甚麼自由意志來了。

腮骨從耳後可以見到的，我們叫做「反骨」。《三國演義》記載諸葛亮說：「吾觀魏延腦後有反骨，久後必反。」大抵指此。諸葛公的意思似乎是腦後「見」反骨，即是從後面見到魏延的腮骨。因為「頭無惡骨」，所以腦後不可能「有」反骨。近代一個耳後見腮的好例子就是民國初年的「倒戈將軍」馮玉祥。根據相學，馮玉祥倒戈是因為他耳後見腮，有反性，所以一有機會就造反。剛巧他有兵權，可以大反。若他地位低微，可能出賣一下朋友或者上司就算了。不過，當馮玉祥十一、二歲而開始耳後見腮的時候，恐怕他自己做夢也想不到他會成為倒戈將軍。這樣看來，一個人如果耳後見腮，他就不能自拔了。換句話說，他沒有辦法改變自己那狡點而反覆無常的性格。這還有甚麼自由

意志可說呢？

　　奇怪的是，〈神異賦〉收筆時竟然說：「人生富貴，皆由〔一作「因」〕前世修行；士處貧窮，盡是今生作惡。」事情就更複雜了。不過，這裏的「士處貧窮，盡是今生作惡」完全不通。今生作惡，怎會一定貧窮？若說來生貧窮倒還有些道理。其實四句佛偈，已經道盡：「欲知前世因，今生受者是；欲知來世果，今生作者是。」無論如何，看〈神異賦〉那四句，命運的安排似乎是自由意志弄出來的結果了。可是，前世做了甚麼，今生才會變成一個天生險毒的勾鼻的人？如果今生既勾鼻又富貴，那我們怎樣解釋這人前生所做的事？如果前生修行好，為甚麼今生既然富貴，卻要天生險毒？該不會是這個人小時候就有險毒之心吧？小孩子哪裏懂得險毒？那會不會是這個人在投胎前、即還是「鬼」的時候，就有險毒之心呢？如果是，那個心懷險毒的鬼到底應該算在前生還是今生？還是既非前生又非今生？為甚麼做鬼時所犯的錯要在做人的時候才有果報，而不留待下一次做鬼的時候才報應呢？如果這個

勾鼻的人，今生由於不能摒除的險毒而到處害人，為甚麼他要負起害人的責任而來生要貧窮呢？道理十分簡單：害人的只不過是他無法摒除的險毒，並不是他自己。這一切，相書都沒有講，可見古人說話多麼不負責。我倒很同情那些窮人，他們已經沒有甚麼可享受的權利了，還要被人認定為前生作惡多端。如果我們相信「欲知前世因，今生受者是」，那麼，顏回、原憲、杜甫，大概都是前生作惡的人了。有些佛教徒認為畜牲的前生是作惡的人，和〈神異賦〉的論調有異曲同工之妙。不過我總覺得這種論調太幼稚，太不負責，很難接受。我以為，宿命論始終是宿命論，硬要說一些導人向善的人生大道理只有越說越不成理。所以相學雖然是宿命學中比較靈活的一環，到底也解決不了命運和自由意志的問題，只有越弄越糊塗，暴露了相學本身不堅定的立場。

我們找人算命、看相、占卜，雖然希望能夠趨吉避凶，但並不意味着我們有能力改變命運。原因很簡單：負責占卜命相的人都可能出錯。未必是那套法則

不濟，可能是那些人運用得不好，或者不能通神。如果他們出錯，到頭來不靈驗，「改變命運」和「戰勝命運」的口號不就落空了？如果占卜命相的人把命運的安排都準確地告訴了你，而又對你說：「除非你採取某些行動，不然的話，某些事就會發生在你身上。」聽起來好像要給你一個改變命運的機會；其實頂多只能說，命運給你一個選擇的機會，而這個選擇機會，可能就是命運給你的一個安排。至於你選擇甚麼，命運可能早就知道了，你選了等於沒有選。再向前推，你去看相、算命和占卜，可能就已經是命運的安排了。我這樣反覆推理，只是想說明我們沒有任何證據去證明我們能夠改變命運或者戰勝命運。

我相信，直到目前為止，命運仍然不是人所能夠了解的。那些妄圖戰勝命運的人似乎沒有仔細探討過自由意志和命運的關係。而且他們忽略了一個可能性：我們的所謂自由意志，根本就是受命運支配的。因此，我們在世上的一思一念、一言一語、一舉一動，都是命運的安排。我寫這篇文章是命運的安排；你看我這

篇文章是命運的安排；沒有機會看這篇文章，也是命運的安排。當然，這只是一個假設，其實我跟你一樣，對命運的真相一無所知。

（一九八二年稿）

生不如死？

生不如死?

　　從我們出娘胎那一刻,死亡就一直等待着我們。一般人想到「死」,都難免有一種不安的感覺;嚴重的,就對「死」產生莫名的恐懼感。縱使我們覺得生存很痛苦,但我們總是下意識地希望能夠逃避死亡。只要我們可以忍受生存的痛苦,我們還是希望可以活得長久些。我不敢說世間沒有完全不怕死的人;不過,就是有這樣的人,恐怕也不多。一般人在人生過程中,總會有一些時刻是被「死」困擾着的。二十來歲的年輕人可能不會想「死」的問題;到了四十來歲,他可能就會想了。四十來歲還不想,那麼到了五十來歲也總應該想想吧。當你照着鏡子,發覺臉上的皺紋越來越多,頭髮越來越白,你難道不會為衰老而嘆息?衰老就是死亡的前奏。如果人可以不死,「衰老」的概念就不會像現在這樣的了。害怕自然死亡的人,當然也害怕橫

死。有些膽小的，甚至每天到街上走走也害怕被汽車撞死。總之，「死」這個念頭和我們是脫離不了關係的。憑直覺來說，死亡就是生命的結束。一個會思想、會走動的人，一死之後，就成為一具僵化的屍骸，這是一個多麼可怕的現象！

死亡為甚麼使人害怕

籠統地說，我們害怕死亡，是因為它奪去我們寶貴的生命，使我們失去世上的一切。如果要深入一點探討死的可怕，似乎有以下幾個比較重要的因素：

（一）肉體痛苦。「死」和「肉體痛苦」似乎脫離不了關係，而肉體痛苦每個人都會怕。死前的肉體痛苦，看來更難抵受，因為它不能換回那個受苦的人的性命。

我的父親患上癌症。割除癌瘤之後，卻又因為年紀老邁，抵抗力弱，染上了肺炎，要按時用膠管沿着氣管插到肺部去抽痰，父親叫苦連天。他吃下了醫治

肺炎的特效藥，藥力產生副作用，變了失聰。每次輸血，他總是先發冷，因為血是冷藏的，繼而發熱，因為血液產生了大量熱力。這個垂危的老人受了重重的肉體痛苦之後，終於還是因肺炎而死去。

我的大哥氣管給腫瘤堵住，終於缺氧而死。死前一天我去看他，他只能把鼻子埋在氧氣罩裏急促地呼吸，在牀上輾轉反側，根本騰不出一秒鐘來跟我說一句話。他就是這樣慢慢地被折磨至死。

以上不過是就地取材，隨便舉兩個例。死前要抵受更深重的肉體痛苦的大有人在。你和我也可能要這樣。可是，如果你有選擇餘地的話，你會願意接受肉體痛苦嗎？生孩子的肉體痛苦有時候也不輕。但是，這些痛苦是新生命誕生的前奏，而母親復原的機會也大，所以這種痛苦是充滿「希望」的，不難抵受。死前的痛苦卻是充滿「絕望」的，抵受起來就令人覺得全沒意思。

（二）死狀可怕。橫死的人，固然形狀恐怖；就算是善終的，安詳地躺在牀上死的，我們看見死者的皮膚變色，準頭收縮，鼻孔外露，上唇翹起，也不會覺得舒服。這種感覺似乎是與生俱來的。除了受過訓練的人，一般人都不會沒有這種感覺。一個小孩子見到一頭死狗或者一隻死貓，也會害怕。如果那頭死狗或者那隻死貓還滿身鮮血，腦溢腸流，小孩子可能會害怕得哭起來。我們見到一頭死狗也未必敢去摸牠，見到一個死人還用多說！活人的身體和死人的身體差別實在太大了，這個變化使人不寒而慄。一具死屍跟着就會腐化，生蛆蟲，發出難以忍受的氣味，都足以令活人厭惡。一具屍體在視覺上、觸覺上和嗅覺上，都是令人難受的，這就足夠使人害怕死亡了。

（三）尊嚴喪失。一般人都重視個人尊嚴，長輩在後輩面前要保持尊嚴，上司在下屬面前要保持尊嚴，實際上在任何人面前我們都希望可以保持「人」的尊嚴。有些人甚至在街上走路的時候碰上驟雨，也要慢慢走到避雨的地方，絕不願意顯出半點狼狽相。而死，

就意味着尊嚴的喪失。人死後，從生理上看就是一具屍體，一件任人處置的、殊不好看的東西。屍體可能要給醫生解剖，切割完的器官臟腑，就胡亂地塞回屍體，把皮縫合了就完事大吉。死人還有甚麼尊嚴可言？第二次世界大戰時，意大利的獨裁者墨索里尼顯赫一時，死後那具屍體就在廣場上任人拳打腳踢，甚麼尊嚴也沒有了。

死固然使人失去了尊嚴，而臨死時那段時間失去的尊嚴比死後失去的更多。這個科學發達的社會，尤其使人在臨死時尊嚴盡失。在古時，病重就死，大概也是一件很爽快的事。在今天，要死得爽快實在很難；因為醫生不會讓你快死，法律也不會隨便容許醫生故意使你死得快。於是，一個人在醫院寂寞地、痛苦地等死的那段日子，還要不時抵受着一條條膠管的折磨，有時穿過鼻孔，直達肺部；有時通過食道，直達胃部；有時插進血管。病人可能還要戴上氧氣罩。嚴重的，躺在牀上，動彈不得，在牀上排泄，既可怕又討厭，而且有點滑稽。到了這個地步，還有甚麼尊嚴可言？我

們看見這種狀況，恐怕不禁要問，將來自己會不會也要受這樣的折磨呢？這個念頭已經足以嚇怕我們了。還有，有些人死前都有亂性的時刻，語無倫次，像白痴一般，簡直連三歲小孩也不如。

善終的如是，橫死的更甚。當一個人被汽車撞到血肉模糊的時候，那就甚麼尊嚴也沒有了。是以，當人還有「尊嚴」這個念頭時，死亡永遠是不受歡迎的。

（四）欲望破滅。人生出來就有欲望。比如說，擁有欲就是每個人都有的 —— 不論希望擁有的是有形質的還是無形質的。當一個人死去，他就會喪失了他擁有的一切，包括他的生命。如果你生平喜歡蒐集古董，當你拿着一件心愛的古董的時候，你有沒有想過，長則幾十年後，短則幾年後、幾個月後，你就不能再擁有這件古董了？如果你是一位千萬富翁，你有沒有想過，終於有一天，你的千萬家財就不屬於你的了？如果你是一位大明星，你有沒有想過，不論你現在受着多少人的崇拜，當你一死，你就不能夠親自享受別人

的崇拜了？總之，你在這世界擁有的一切，到頭來都不會屬於你。這的確是很掃興的事。

我們不斷地追求知識，辛辛苦苦地培育我們的智慧。但當我們一死，我們苦心培育得來的智慧可能從此就丟掉了。這會給我們一種徒勞無功的感覺，好像很不值得。人生出來就有欲望，死卻給欲望以致命的打擊。

（五）感情難受。人非草木。誰能無情？死是最令人傷情的事；因為死是朋友永別、骨肉長分的時候，是一個有情的人感到絕望的時候。所以古人說：「太上忘情。」當一個人能夠把一切情感拋掉，他就不會悲傷。但是，有多少人能夠辦得到？

（六）死後可懼。死後怎樣是沒有人知道的。人死後可能好得很，也可能悲慘得很。當我們不能確知死後會怎樣的話，我們就禁不住徬徨，由徬徨而不期然產生恐懼了。

沒有人可以實在地知道他死後的動向。基督徒可以說死後不是上天堂就是進地獄或者煉獄。說是這麼說，難道他們真的能夠百分之百地肯定？總之，只要你未能確定死後的情形，你的不安感和恐懼感就會繼續存在。

　　我個人最害怕死後要輪迴。如果輪迴再做人，那我就要重新再讀書了，有甚麼會比讀書更辛苦？小時候還要受父母嚴厲的對待和受老師責罵。總之，從頭再做小孩子，是一件最痛苦不過的事。當然，輪迴未必一定做人，可能做貓做狗。如果我想想來生可能做狗，我就會覺得很苦悶。雖然做狗不用讀書，但一想起從人變成狗又實在很難接受。如果那頭狗生在菲律賓就更慘。我在那裏看過一頭待屠的狗的可憐相：牠的後腳被綑起來，前腳反綁，嘴巴給一個破爛鐵罐套着。牠動彈不得，也休想叫一聲，只能用眼睛表示牠的痛苦和恐懼。真不知道是誰輪迴到這個地步。總之輪迴是一件很討厭的事。但是佛家要「跳出輪迴」就先要了結「業緣」；而像我這個常常作「業」的人，又怎

可以跳出輪迴呢？我不希望有來生，但我又不敢肯定
沒有來生，這已經足夠令我感到很困擾了。

在直覺上，死的確是可怕的。人就是在這個可怕
的陰影裏活着。死亡的陰影，無時無刻不和我們同在。
人生每一個階段都要和「死亡」接觸。每天都有人死
亡，我們的親友也會死去，人是絕對沒法避開「死亡」
的。「死亡」使人感到疑惑、不安、恐懼。

活着才真的使人痛苦

不知大家有沒有想過，令我們疑惑、不安和恐懼
的罪魁禍首可能不是死，而是生存？只有生存的時候，
我們才會受「死」的念頭困擾。生存才是痛苦的。因傷
病而來的肉體痛苦不在話下了，精神的痛苦更令人難
受。要面對死亡就已經是莫大的精神痛苦。可是，人
寧願痛苦地活着，也未必想去死。一般來說，人是貪
生的，只有在精神或肉體受到極度痛苦的時候才沒有
貪生的念頭。遠的不說，前年審訊「四人幫」，為甚麼

有些人急於把一切責任往一兩個人身上推？還不是為了避免判死刑？雖然，他們在事後可能為這種懦弱的行徑而後悔，也可能因此而讓人嘲笑沒膽量、沒義氣；但他們就是沒法接受死，所以才寧願痛苦地活下去。

人死了固然失去了親友，失去了學問，失去了物質享受（直覺上如此）；但同時也失去了活着時精神和肉體的痛苦。不過，人總是不會這樣想的。沒錯，人生總有快樂的時刻；可是，快樂是浮淺的，痛苦卻是深刻的。快樂過後，往往就是空虛。空虛就是一種痛苦。當一個學生考了第一，他自然快樂；可是，他的快樂是不會持久的。這個學生不多時就會感覺空虛，跟着一連串唯恐下次考不到第一的精神壓力就來了。這裏只不過隨便舉一個例。其實這世界上有甚麼事不是依循這個原則的？人拼命向上爬，那種患得患失的心情，就已經很痛苦。有的人說得很輕鬆，把一切痛苦的事美其名曰考驗、經驗。經得起考驗，人就堅強；有了經驗，就不容易會再犯同樣的錯。可是堅強有甚麼好處？還不是要繼續接受考驗？縱使我們不犯同樣

的錯誤，無數新的錯誤卻等着我們去犯，我們還是要繼續接受痛苦經驗的。只要我們活着，痛苦就和我們在一起。因為人始終要死，生前受這些痛苦就顯得毫無意義了。

我們怎樣去面對死亡

人不能不死。對活人來說，「死」是一個不能不面對的難題。這個難題如果不能解決，人生就始終是痛苦的。於是，自古以來，人們都在想辦法，怎樣去面對死亡。他們的辦法可謂林林總總。以下是一些常見的辦法：

（一）信奉宗教。信奉宗教是一項交易，不過這項交易卻在死後才能兌現。比如說：你要信奉天主，因為你希望祂使你死後得到永生（使我想起十多年前堅道有一個「信耶穌得永生」的霓虹燈招牌壞了幾條管，變成「信耶穌得水牛」。水牛可以換錢，也不太壞）。人要用宗教去消解他們對死的恐懼；一些宗教狂，甚

至願意犧牲性命，去換取死後的永生。至於宗教所宣揚的義理，你大可以當是次要的，因為沒有多少人會奉行。宗教勸導人友愛，難道教徒就不打架？北愛爾蘭的天主教徒和基督教徒，不是拼個你死我活嗎？而他們信奉的卻是同一個仁慈的天父。伊朗和伊拉克不也打得死去活來？而他們卻都信奉同一個真主。雖然有人會不同意我把信奉宗教說成交易，但我總覺得信奉宗教，下意識就是要抵抗對死亡產生的恐懼，因為宗教答應我們死後會有生命。如果宗教一點好處也不應許，還有多少人會信奉它呢？

（二）及時行樂。有些人覺得生命這樣短促，就要盡量享受人生，尋求快樂。這種及時行樂的思想，看似曠達，其實已經充分表現他們對死的困惑，因為他們不知道死後可不可以尋求快樂。

（三）延長壽命。有些人喜歡用食物、藥物或者體力活動去延長壽命，延得越長越好。當我們年輕的時候，我們會說，六十歲夠了。當我們五十九歲的時候，

我們可能希望能活到七十歲。當我們六十九歲的時候，我們又可能希望能活到八十歲。這分明顯示出我們對死亡產生的恐懼心。

（四）處之泰然。人可以對死亡處之泰然。當我們對一件事處之泰然的時候，我們下意識就已經對這件事和另外的事做了一個比較。所以，當我們對死亡處之泰然，我們實際上已經把「死」和「生」衡量了，而且覺得「死」不如「生」，我們才會對死表現出無可奈何的處之泰然。沒有經過比較，就不會有「處之泰然」的觀念了。如果「死」勝於「生」的話，我們只有「熱烈地等待」死的到來，甚或紛紛自殺，哪會處之泰然呢？

（五）求身後名。還有些人會覺得，死後肉身是肯定沒有的了，倒不如立德、立功、立言，求一個身後名，好使精神不朽。這在佛家看來，就是一個極端的「執着」，因為他們「執着」於人世間的東西。這也暗示着他們對死的一種貶意，所以雖然死去，也要留名在世間。這無疑是戀生了。

（六）哲學探索。哲學探索就是用哲學去分析和探索「死」的問題，從而有比較大的領悟。這似乎是唯一通過人類僅有的一點點思考推理能力而能做到的事情，和宗教的側重想像力不同。對一些不願盲目相信宗教的知識分子來說，哲學探索是一個不錯的辦法。如果我們通過哲學推論而覺得死後未必會比死前壞，那我們活着也就沒有那麼痛苦了，因為我們多少已經通過理性推測到生和死的關係。

這樣的哲學推論，最早見於書本的是《莊子》。《史記》中有關於莊子的簡略記載。後人往往質疑《莊子》這本書究竟有多少是莊子的作品。但是我要說的是《莊子》這本書裏面一些關於「死」的推論，至於是誰寫的並不重要。一般人比較相信《莊子》「內篇」七篇是出自同一作者的，《莊子》「外篇」和「雜篇」就比較蕪雜。《莊子》「內篇」的作者很努力去尋求「死」的答案。他的特色就是設法打破愛生惡死的傳統觀念。當然，他也設法使自己和讀者都相信死後可能會更好。一旦我們接受死後可能會更好的思想，生存就不會那麼痛

苦了。

《莊子》的主要思想是：在「吾生也有涯，而知也無涯」的前提下，我們對天地萬物能夠知道多少呢？因此，在生死這個大問題上，我們又怎知道死不比生好？同時，我們又怎知道人在這個世界上的存在就是最好的？

這個推理很有意思。事實上，我們活着的這個空間，究竟存在着多少世界我們也不知道。我們只知道「生」和「死」兩種存在形態，宇宙間可能還有無數的其他存在形態我們也不知道。由此推出，我們怎知道我們的存在是絕對的，而不是相對的？我們現在都可以說我們生存着；但可能在另一個世界看來，我們卻已經死了。即是說，我們可能在另一個世界死了，才能夠在這個世界生存。亦即是，可能當另一個世界哀悼我們死亡，這個世界就迎接我們出生了。或者，當我們在這個世界死去的時候，另一個世界就迎接我們出生了。又或者，我們死後就回到以前那個世界。這

一切都有可能，但我們都沒法肯定。這些《莊子》沒有提到，只不過是我借題發揮罷了。

《莊子》喜歡把人生看成一場大夢，死就是夢醒。其實我們睡覺時都可能做夢；當我們做夢時，我們都不知道自己在做夢。在夢中我們給人追，給人打，給人殺，我們都一樣驚恐，絕對不知道那是做夢。或者，我們在夢中讀書讀不完，不能應付考試；又或者趕不上公共汽車，不能準時上班。我們會很焦急。到一覺醒來後，我們才發覺原來是做了一場夢，整個人也自然輕鬆了。你和我現在也可能一齊在做夢，等到死亡來臨才是夢醒的時候。那你可以說：「你現在不就知道自己在做夢了嗎？」問題就是，我只是說「可能」，我絕對不敢肯定。而且縱使我們確實在做夢，這個夢也未必和我們睡覺時做的夢同一性質。生死的可能性太多了，用夢來比喻，也可能過於簡單。不過，《莊子》也算是打破了傳統，在當時來說，這個比喻應該是很新鮮的。《莊子》這本書，講生死問題的確是很透徹的。《莊子》講「道」，「道」即是「自然」，宇宙中的一

切東西，包括人在內，都在這「道」裏，也即是在「自然」裏。我們一定要順應自然。如果我們不能順應自然，我們就違抗了不可違抗的道，到頭來就自取其咎了。人是道的一體。說到人，當然也要說到人的生死問題了。所以《莊子》講生死，是順理成章的。我們不妨概述幾篇《莊子》談生死的文章。《莊子》「內篇」共七篇，第一篇叫〈逍遙遊〉，第二篇叫〈齊物論〉。這個編排很有意思。〈逍遙遊〉的目標是先把我們的世俗成見打破，讓我們可以接受《莊子》那套理論。〈逍遙遊〉旨在說怎樣才算逍遙。所謂逍遙，簡單一點說，就是無牽無掛。文中講到大鵬鳥飛得高，去得遠，在天地之間，像是很逍遙似的；但是，大鵬鳥還是要等待合適的風向才能奮飛。〈逍遙遊〉又說到一個叫列子（列禦寇）的人，他也可以乘風而行，異乎凡品；可是，列子畢竟還要「御風」，即必須憑藉風力才能飛行。這樣看來，大鵬鳥和列子，都不能算逍遙。真正的逍遙，不在乎騰雲駕霧那些外在條件，而在乎心裏面有沒有牽掛窒礙。只有我們心裏不受世間任何事物的束縛和困擾，才稱得上是真真正正的逍遙。所以，《莊子》開

宗明義，先講逍遙。當我們真正可以逍遙了，我們才可以接受《莊子》的另一理論 —— 齊物論。

　　《莊子》「內篇」第二篇叫〈齊物論〉，講生死最有見地。「齊物論」是「齊物」和「齊論」。「齊物」的意思是，天地間一切物類的形質，都沒有真正的差別。「齊論」的意思是，天地間一切言論所持的標準，都沒有真正的是非。一切物、論都只是「道」的一體。所以，如果依這個原則來說，我們甚至可以說一些反面的話。例如：泰山可以是細小的，而一根秋毫（動物在秋天生長的嫩毛）的尖端卻可以是大的（〈齊物論〉：「天下莫大於秋毫之末，而泰山〔有些本子作「大山」〕為小。」）。為甚麼泰山可以細小？我想出兩個原因：第一，所謂「一山還有一山高」，泰山比起一些更大的山，當然是細小了；第二，如果有幾塊石頭從泰山滾了下去，這個泰山比起幾塊石頭滾下去之前的泰山，就有「不足」之感，以泰山論泰山，當然是細小了。相反地，一根秋毫的尖端的體積就應該是這樣的，「道」沒有給秋毫的尖端如泰山一般的體積，不然它就不是秋毫的尖端了。

只要秋毫的尖端絲毫無損，它就是完整的。因此，一根秋毫完整的尖端，在意念上就比泰山大。這當然有點強詞奪理，卻可以減輕我們的世俗成見。

「論」也沒有真正的是非，只不過是主觀的反映。《莊子》舉了一個有趣的例子：毛嬙和驪姬在當時人的眼中同是美人；可是，魚、鳥和鹿看見她們都嚇跑了（〈齊物論〉：「毛嬙、麗〔讀平聲〕姬，人之所美也。魚見之深入，鳥見之高飛，麋鹿見之決驟。」）。可見，她們在魚、鳥和鹿的眼中就不見得美麗了。在魚、鳥和鹿的眼中，她們都是具有高度危險性的生物。而且，魚、鳥和鹿的審美眼光，跟人的審美眼光一定不同。那麼誰的審美眼光才算對呢？不要說人和其他動物的審美眼光不同，就是不同的人審美眼光也不會同，古人的審美眼光和今人的審美眼光又不同。比如說，要是西施生在我們這個時代，也未必被目為美人了。我們又怎麼去判斷究竟是古人的審美眼光對還是我們的審美眼光對呢？我以前看過一本英文雜誌，裏面有一幅漫畫：有兩個男的外太空怪物，一個擁着一個女怪

物，一個擁着一個地球美女。擁着地球美女的那個怪物抗議說：「我真的不明白，為甚麼每次抽籤我都抽中這個醜的？」其實，宇宙間何止審美有千千萬萬種不同標準，評審任何事物也一定有千千萬萬種不同標準，我們又怎樣去評定是非呢？ 所以《莊子》就主張「齊論」。

當每個人都明白了齊物、齊論的道理，這個世界大概就不會有戰爭了。促成戰爭的最大因素是「佔有」的欲望；而一個篤信齊物、齊論道理的人根本就沒有「多」和「少」的觀念，哪裏會有佔有的欲望呢？一個齊物、齊論的人不會去思考，只是渾渾噩噩地活着。當全世界的人都渾渾噩噩地活着的時候，我們之間就沒有聰明人，也沒有愚笨的人，這個世界就只是一片渾噩，每個人都很滿足。當每一個人都很滿足的時候，這個世界也不再有滿足和不滿足的相對概念了。這是一個最理想的境界。我們活着為甚麼會這樣痛苦呢？就是因為太愛思考。當我們都變成渾噩的、不思考的白痴的時候，心靈也就不會感到痛苦了。所以，我們

要解除痛苦，唯有進入白痴的境界才成。

　　《莊子》之前，《老子》也說過這些。《老子》說，治理人民，一定要使人民愚笨。而最後，連君主也要像人民一般愚笨，這才沒有爭鬥。《老子》這樣說，細想也是相當有道理的。但是，《老子》的理論比不上《莊子》，主要是《老子》的大前提有問題。《老子》的作者教人怎樣避免失敗，避免橫死。他說，你想「不失敗」，先決條件就是不要向上爬，要永遠留在最低下的階層。既然不進取，又怎會失敗？他還說，你不要怕留在最低下的階層，當在你上面的人因為鬥爭一個一個倒下來的時候，你的地位相對地就提升了。那麼問題就出來了：當你的地位相對地提升的時候，豈不就是你陷入鬥爭而快要倒下來的時候了嗎？《老子》的毛病，是念念不忘最後勝利，而不明白所謂「最後勝利」就是失敗滅亡的前奏。

　　《老子》也沒有解決「死」的問題。整本《老子》只會教人卑下地生存以避免橫死。可見，《老子》的作者

是恐懼死亡的，即擺脫不了死亡的威脅。況且，在實踐上，卑下地生存也不見得可以免於橫死。在「春秋」、「戰國」時代，人民朝不保夕，管得他卑下高亢，當橫禍飛來的時候，誰能走避？只是為了避免被人打垮或被人害死，就甘願過着一種極度卑下的生活，這是不保險的；因為誰也沒法避開恃強凌弱的人。你不和別人爭，別人一樣可以置你於死地。所以，《老子》的學說是有「不足」之處的。

《莊子》就不同了。《莊子》有好些地方說到「無用」的用處，比如，一個人越是沒用，人家就越不理他，而他就越能免禍，沒用反而變成有用。可是，有一天橫禍飛來，又怎麼辦？應付橫禍，《莊子》就比較有辦法了。《莊子》的作者知道，不論善終也好，橫死也好，死亡總是不能避免的。於是他教我們歡迎死亡。到了對死沒有一點恐懼心的時候，我們心裏最大的牽掛就沒有了，焉得不逍遙？如果死不了，卻弄到一身殘廢，又怎麼辦？《莊子》的齊物、齊論觀念都解釋了，「殘廢」和「不殘廢」一樣，都只不過是「道」的一體，沒有

甚麼大不了的。所以《莊子》裏頭很多得道的人物，都是殘廢的。

〈齊物論〉裏有這樣一段：「方生方死，方死方生。方可方不可，方不可方可。因是因非，因非因是。」即是說：我們「活人」可以說自己生存，而死去的人當然就是死了；但是，死去的人也可以認為：「我們才算生存，你們『活人』其實都是死的。」很可能在「活人」眼中已經死去的人看來，「死」才是一個真正生存的境界，活着的人根本就不能領略。你遇見鬼，你可能認為它是死人的靈魂；但是鬼卻又可以說它才是生存着，你卻是不生存的。人「不可」殺人，因為殺人是「非」。但是，有一天，當我們發覺原來真正的生命是從死後才開始的，而死的境界又是美妙的，那時人殺人就可能會變成「可」；因為這行為幫助別人快些得到死後的美妙生命，於是這種行為也就變成「是」。而將來殺人的獎賞當然也根據「殺人者死」這原則，因為這樣也可以使殺了人的人快些到達那美妙的境界。老實說，「是非」的標準是因時而變的。以前，很多罪行都要判死

刑。到了今天，不少自由國家根本就沒有死刑。現在，在一些阿拉伯國家，通姦是死罪；在很多西方國家，通姦又算得了甚麼？幾千年前，人類可以不穿衣服到處走；現在，你不穿衣服在街上走，恐怕會被警察帶走，還可能吃官司。所以，以前在公眾地方不穿衣服是「是」，是「可」，現在在公眾地方不穿衣服是「非」，是「不可」。可能再過幾百年，在公眾地方不穿衣服又再是「是」，而今天文明社會的標準就變成「非」了。不要說幾百年後那麼遠。在現今，菲律賓有一個島，土人都接受文明教育；但是那個地方的女人全部是赤裸上身的，在學校上課時如此，在外面工作時也如此。在她們看來，這是一種傳統，並沒有「非」的感覺。《莊子》這一段文字，就是齊物（生死）和齊論（可不可、是非）的總綱。

〈齊物論〉又有這樣一段很有趣的文字：「勞神明為一而不知其同也，謂之朝三。何謂朝三？曰：狙公賦芧，曰：『朝三而暮四。』眾狙皆怒。曰：『然則朝四而暮三。』眾狙皆說〔即是現在的「悅」字〕。名實未

虧，而喜怒為用，亦因是也。」意思是，如果我們不明白天地間一切都是各盡其性地等同，而竭盡腦力去強行探究的話，這就叫做「朝三」了。那麼究竟甚麼是「朝三」呢？原來以前有一位養猴子的老人（狙公），他對猴子說：「我分派給你們的橡栗〔芋〕是這樣的：早上三顆，晚上四顆。」猴子想想，為甚麼早上的橡栗比晚上的少？就很不高興。這位老人就說：「既然這樣，那我早上給你們四顆，晚上三顆吧。」猴子覺得早上的橡栗比晚上的多，就很高興了。但是，橡栗還是七顆，沒有變動。所以，如果我們在這個「道」體之內強行分辨多、少和是、非，強行比較事物，我們就像猴子般愚蠢了。這樣做，就是浪費腦力，自討苦吃，殊不值得。

《莊子》認為，死和生本來就是一回事，可是我們卻硬要分而為二，而又懼怕死亡，因而只能終生鬱鬱不樂。當我們明白到死和生都在「道」裏頭，我們就不會懼怕死亡了。直到我們完全沒有「生」和「死」這個念頭，我們就是最逍遙的，甚麼橫禍我們也不會怕。當然，要泯除「生」和「死」這相對的念頭，談何容易。

但是，這在理論上卻是可行的。

〈齊物論〉還有另一段：「予惡〔讀「烏」音〕乎知說〔即「悅」〕生之非惑耶？予惡乎知惡死之非弱喪而不知歸者耶？麗之姬〔驪姬，嫁給晉獻公〕，艾封人之子也。晉國之始得之也，涕泣沾襟。及其至于王所，與王同匡牀，食芻豢，而後悔其泣也。予惡乎知夫死者不悔其始之蘄生乎？夢飲酒者，旦而哭泣；夢哭泣者，旦而田獵。方其夢也，不知其夢也；夢之中又占其夢焉。覺而後知其夢也。且有大覺而後知其大夢也。」意思是，我怎知道喜歡生存不是一種惑誤的念頭呢？我又怎知道不喜歡死亡，不是像一個人在幼年時被人從家裏帶走，長大後不知道該歸家一樣呢？驪姬是艾國那位封君的女兒。起初，晉獻公要娶她到晉國去的時候，她哭得很淒涼。後來，她在晉國住下，和晉獻公同睡一張舒服的牀，吃很好的食物，她就後悔當初為甚麼要哭。所以，我又怎知道死了的人不後悔當初為甚麼要這樣留戀生存？一個人晚上做夢的時候，可以飲酒作樂；但是醒來的時候，真實的生活卻可能很痛苦。

晚上做夢時哭哭啼啼的，日常的生活卻可能充滿歡樂。我們做夢的時候，不會知道我們正在做夢。我們在夢中可能還會占卜夢中的夢。我們醒覺後，才知道剛做過夢。或者等到我們有「大醒覺」（死），然後我們才知道剛做過一場「大夢」（生）哩。

二千多年前，〈齊物論〉的作者能夠這樣推理，真是了不起。這些理論是無懈可擊的。儘管你不願意接受這些理論，卻不能認為這些理論是錯的。

不過，問題在於，〈齊物論〉的作者提出的這些理論，恐怕連他自己也不能奉行。因為人到底是人，在我們能夠發明一種機器或者一種藥物可以使人不去想死生問題之前，恐怕推理也就只是推理。不過，除非我們沒有推理能力，否則推理總比不推理好。推理至少可以擴大我們的認知領域，把死生問題帶到另一個層面去。在這個動盪不安的社會，《莊子》的推理結果無疑是一服清涼劑。

其實，說了這麼多，我並沒有解決問題。我只說明了人生充滿問題，而「死」就是一個最大的問題。對於「死」這個問題，我們可以運用一些方法去解釋它，從而減輕它帶給我們的困擾。這些方法包括宗教信仰、哲學推理等等。如果要完全解釋「死」這個問題，我們只好留待死後了。

（一九八二年稿）

人鬼神

第二部

怎樣用
《易經》占卦

怎樣用《易經》占卦

　　我在美國威斯康辛大學教書的時候，開了一門《易經》（西方稱 *I Ching*，即《周易》，本只有卦、爻辭，後益以「十翼」）的課，聽眾如雲。我發覺美國年輕一代的心靈非常空虛，情緒非常不穩定。到了灰暗的冬天，他們情緒低落，就甚麼人生樂趣都沒有了，所以自殺的人也多。歸根究底，就是新的一代習慣了物質享受，卻沒有哲學傳統做他們的精神食糧。且不說他們連小小的挫折都受不了，就算他們讀書和做事很成功，隨之而來的那種空虛感和寂寞感都足以奪取他們的生命。我們中國人的情緒比較穩定，這是因為我們不知不覺地受了儒、道、佛三種傳統的薰陶。美國人很需要這些哲學傳統去充實他們的精神生活。所以，他們一知道我開《易經》的課，就蜂擁而來。學《易經》其實是很實際的，他們除了學會一套中國哲學理論和

思維方法，使他們終生受用不盡之外，還學到一套難得的技能 —— 占卦。這種吸引力真是非同小可。

用英文教《易經》，當然要用英文的教科書。那時我才發覺，雖然市面上的《易經》英文譯本不算少，可是翻譯得好的竟然一本也沒有。在美國，最常用的《易經》譯本是普林斯頓大學出版部出版的那本。它最初由德國人 Richard Wilhelm（衛禮賢）譯成德文，一九二四年出版；後來又由美國人 Cary Baynes 據德文本轉譯英文。這美國人的英文寫得很簡潔，很容易讀，所以這譯本也很流行。我不懂德文，所以不敢肯定衛禮賢的德文譯本和其後根據他的德文譯本再轉譯成的英文本子，有甚麼大出入。但是那英文本子的內容就很糟，譯者只是把一個根深蒂固的西方哲學模式硬套在《易經》外面；至於《易經》的精微地方，不是給歪曲了就是給遺棄了。這本書越流行，外國人就越容易曲解《易經》。所以那些美國人說他們怎樣欣賞《易經》，你千萬別信以為真。早在衛禮賢之前，蘇格蘭人 James Legge（理雅各）就已經出版了《易經》英譯

本。十多年前 Raymond Van Over 還重編他的譯本，出版了袖珍本。這譯本的思維比較接近原著。這樣看來，雖然理雅各和衞禮賢都在中國住過一段長時間，但是理雅各對中國古典文學的認識就比衞禮賢來得深廣。不過，可能因為理是一位傳教士，他對《易經》的探究沒有衞那麼熱心，英文又寫得不大流暢，因此他的譯本也就不太討好。一般人還是喜歡看從衞的德譯本轉譯過來的英譯本。我在美國教《易經》的時候，總喜歡把中文的卦辭爻辭抄在黑版上，逐字解釋，特別着重每一爻的取象。同學們往往可以看出譯本的錯誤。我當時也做了一些《易經》的翻譯，希望有一天可以把整本書譯好出版。可是自從一九七六年回到香港以後，俗務羈纏，竟然沒空多譯一句，一直都覺得很遺憾。最近，我突然想起，既然我在《人鬼神》這本書裏談的都是一些帶有神秘色彩的事物，不如趁機也談一下《易經》吧。《易經》的義理我不想多談，因為和這本書的主題不協調；我想在這裏談的，是《易經》的占筮。

《易經》是一本占筮的書，這是無庸置疑的。但是，

從學習《易經》裏面卦爻的鋪排和變化，我們卻可以領悟到很多人生的大道理。不但如此，古人編寫《易經》時所表現出來的莫大智慧，也歷歷可見。《易經》裏面的用字和取象，都非常有心思，象與象的相互關係，安排得簡直神奇莫測。領悟了其中的奧妙，可以使人善於應變。從理論上講，越是熟悉《易經》的道理，判斷和處理事物越有能力，所以越不須要占筮。我自己就很少占筮，只有遇到常理以外的疑難，我才去問《易經》。我打算舉一些例子給大家看看。不過，我想先講一下《易經》的筮法。懂得筮法，大家看後面的例子就會覺得親切多了。

怎樣占卦

古人用《易經》占筮，都喜歡用四十九根切成長度相若的蓍草（「蓍」讀「師」音）來掂數的，這叫做「揲蓍」（「揲」讀「舌」音，拿着來數的意思）。我們能夠用蓍草固然很正宗；可是蓍草難得，用竹籤木籤也未嘗不可。

《易經》的筮法，旨在盡量和大自然的時空結合，從而得知大自然的奧秘。《易經》裏面的〈繫辭上傳〉第九章記錄了筮法。現在先作一些句解：

　　「天一、地二、天三、地四、天五、地六、天七、地八、天九、地十。」意思是：凡單數（奇數）屬陽，天為陽，所以一、三、五、七、九是天數；凡雙數（偶數）屬陰，地為陰，所以二、四、六、八、十是地數。十是成數的盡頭，逢十進一，所以《易經》也就不打算「天十一、地十二」地說下去了。

　　「天數五，地數五，五位相得而各有合。」意思是：一、三、五、七、九是天數，二、四、六、八、十是地數，這就是「天數五，地數五」；一、二、三、四、五是生數，六、七、八、九、十是成數。生數從一開始，成數從六開始；天一生數和地六成數相合而生水，地二生數和天七成數相合而生火，天三生數和地八成數相合而生木，地四生數和天九成數相合而生金，天五生數和地十成數相合而生土，這就是「五位相得而

各有合」。就是《漢書・律歷志》所說的「天以一生水，地以二生火，天以三生木，地以四生金，天以五生土」。

「天數二十有五，地數三十。凡天地之數五十有五，此所以成變化而行鬼神也。」意思是：一、三、五、七、九加起來是二十五，二、四、六、八、十加起來是三十；二十五和三十加起來是五十五，這就是天地之數了。這天地之數，包括了從一合六變化為水至五合十變化為土的五行之數，所以說「成變化」；天地之間，莫非五行，天地之數盡在於此，這就足以產生神奇的力量了。

「大衍之數五十，其用四十有九。」：這是占筮的開始，單看〈繫辭上傳〉很難明白。以下的筮法是參考朱熹的〈筮儀〉寫成的。「衍」即是「演」，「大衍」是「大變化」的意思，就是說，用來「成變化」的數是五十。但是，剛才說過「凡天地之數五十有五」，現在怎麼又說是「五十」呢？這是因為「五」代表了五行，五行有氣機，無形質，故不用，剩下來就是「五十」這個「大

衍之數」了；所以占筮用的蓍草應該有五十根。通常我們把這五十根蓍草放在一個布囊裏；可是，在正式占筮的時候，我們卻不用五十根蓍草，只用四十九根。我們從布囊裏拿出了一套五十根蓍草，然後把其中任何一根放回布囊裏。這一根蓍草象徵先天地的太極。所以，真正用來占筮的蓍草，就只得四十九根了。這就是「其用四十有九」（「有」字讀「又」，去聲）。

「分而為二以象兩。掛一以象三。揲之以四以象四時。歸奇於扐以象閏。五歲再閏，故再扐而後掛。」：四十九根蓍草，拿在手裏（左右手不拘）。兩手隨意把四十九根蓍草分成兩撮，左手握一撮，右手握一撮。然後分別直放在桌上左右兩旁，象徵兩儀，這就是「分而為二以象兩」。跟着下來，用右手從右邊那撮蓍草中拿起一根，沿左手的手背放在左手的無名指和小指之間。小指屈曲夾住蓍草，整根蓍草就橫過來了。左右兩撮蓍草，連同這根橫在無名指和小指間的蓍草，就象徵了「天地人」三才，這就是「掛一以象三」。跟着用左手拿起左邊那撮蓍草（因為左手的無名指和小指

之間還夾着一根蓍草，所以初學揲蓍的人會覺得很不方便），用右手四根又四根地數出，一起握在右手裏。每四根數出來的蓍草就象徵着春、夏、秋、冬四時，這就是「揲之以四以象四時」。這樣數下去，直到左手只剩下一、二、三或四根蓍草，才停下來。左手剩下來的蓍草，用右手拿着，沿左手的手背放在左手的無名指和中指之間夾住，象徵閏月，這就是「歸奇於扐以象閏」（「扐」讀「勒」音。兩指之間叫做「扐」，置物於兩指之間也叫「扐」）。跟着用右手先把拿着的那撮剛從左手每四根數過來的蓍草放回左邊，然後拿起右邊的一撮蓍草，用左手四根又四根地數出，一起握在左手裏，直到右手剩下一、二、三或四根蓍草為止。右手拿着這剩下的蓍草，沿左手的手背放到左手的中指和二指之間夾着。這剛放到左手中指和二指之間的蓍草，也象徵閏月。因為五年二閏，所以這代表第二個閏月（《淮南子‧天文訓》說：「十九歲而七閏。」所謂五年二閏，只是一個約數）。跟着，用右手把握在左手的蓍草拿着，放回右邊去。然後把左手二指至小指夾着的蓍草（包括「掛一以象三」的那根）拿下來，合成

一撮（《易》學術語叫「餘策」），橫放在面前遠處。這是第一變。這就是「五歲再閏，故再扐而後掛」。這個「掛」字有些費解，《說文解字》說：「扐：《易》筮，再扐而後卦。」如果作「卦」的話，那就是說，再扐然後成卦。這個成卦，實則是成了卦的一部分；因為十八變而成卦，這只是一變，但到底也算一個段落。如果是「掛」字，就可以解釋為：再扐之後，又重複「掛一以象三」的次序，也未嘗不可。從第一變而成的、橫放在面前遠處的那撮蓍草，為數不是五（一加一加三，或一加三加一，或一加二加二），就是九（一加四加四）。

第二變，用左手把左邊的蓍草拿起，用右手把右邊的蓍草拿起（暫時不要移動橫放的那撮蓍草），再合起來。然後再隨手分而為二，掛一，揲四，歸奇於扐，再扐，又再把左手二指至小指夾着的蓍草拿下來，合成一撮，橫放在較近的位置。從第二變而成的那撮蓍草，為數不是四（一加一加二，或一加二加一），就是八（一加三加四，或一加四加三）。

第三變，用左手把左邊的蓍草拿起，用右手把右邊的蓍草拿起（暫時不要移動橫放的那兩撮蓍草），再合起來。然後再隨手分而為二，掛一，揲四，歸奇於扐，再扐，又再把左手二指至小指夾着的蓍草拿下來，合成一撮，橫放在更近的位置。從第三變而成的那撮蓍草，為數不是四（一加一加二，或一加二加一），就是八（一加三加四，或一加四加三）。

經過這三變，我們才占了六畫卦的最底下那一畫，《易》學術語叫這最底下的一畫做「初爻」（「爻」讀「肴」音）。占出來的每一爻有四個可能的「爻性」：老陰、少陽、少陰、老陽。「陰」用雙數來代表，「陽」用單數來代表。〈繫辭上傳〉第九章開始就說：「天一、地二、天三、地四、天五、地六、天七、地八、天九、地十。」如果從這裏拿兩個雙數代表「陰」，兩個單數代表「陽」，就一共是四個數了。但是，哪四個數最適合呢？原來最適合的就是六、七、八和九。因為一、二、三、四、五代表了「五行」，有氣機，無形質，是以不用。逢十進一，所以十是一個不穩定的數目，也

不用。於是六、八代表陰，七、九代表陽。陰的本能是後退的。後退到盡頭，就成為「老陰」。八後退到盡頭就是六，六不能再後退，是「陰」的「窮數」，所以六代表「老陰」。相對來說，八是後退時的起點，就是「少陰」了。陽的本能是前進的。前進到盡頭，就成為「老陽」。七前進到盡頭就是九，九不能再前進，是「陽」的「窮數」，所以九代表「老陽」。相對來說，七是前進時的起點，就是「少陽」了。

每一爻占了出來，我們就要計算一下，究竟它屬於六、七、八還是九。計算的方法不只一個。第一個方法，就是經過三變後，把左右的蓍草（《易》學術語叫「正策」）拿起來數一下。這些蓍草的數目只有四個可能性：三十六根、三十二根、二十八根和二十四根。數完之後，用四來除它，得到的商數就是九、八、七、或者六，依次是老陽、少陰、少陽、老陰，完全不會有別的可能性。我自己常用的方法是，先拿起左邊的蓍草，採用做健身操時的計算方法：一二三四、二二三四、三二三四……每四根四根地數下去。比如

說，左邊共數到四二三四；然後，再數右邊的蓍草時，就繼續五二三四、六二三四⋯⋯地數下去。兩邊都數過了，如果是九二三四，那占出來的那一爻，「其數九」，就是老陽了。還有另外一個方法，就是利用橫放着的三撮蓍草（餘策）。離自己最遠的那一撮，是第一變得來的，非五則九。如果是五根，我們就給它一個「三」的數，如果是九根，我們就給它一個「二」的數。第二變得來的，非四則八。如果是四根，我們就給它一個「三」的數，如果是八根，我們就給它一個「二」的數。第三變得來的，也是非四則八。如果是四根，我們就給它一個「三」的數，如果是八根，我們就給它一個「二」的數，和第二變一樣看待。舉個例：如果我們用剛才說過的數左右蓍草的方法數出「九二三四」，那左右兩邊合計就是三十六根蓍草了。那麼，橫放的合計就一定是四十九減去三十六，等於十三根蓍草。這十三根蓍草，一定是第一變佔五根，第二變佔四根，第三變佔四根。把這些數目變成一個「爻數」，就是三加三加三，等於九（老陽）。其實，數兩旁蓍草的方法和數橫放蓍草的方法是可以互相對照的，這樣計算「爻

數」就萬無一失。再比如說，如果橫放的三撮蓍草的數目是：九、四、八，那麼爻數就是二加三加二，等於七（少陽）了。記錄爻數的圖樣：

老陰（六）是 ➤✕➤，是一個動的陰爻，

少陽（七）是 ━━，是一個靜的陽爻，

少陰（八）是 ━ ━，是一個靜的陰爻，

老陽（九）是 ➤○➤，是一個動的陽爻。

得到了初爻，我們就可以把四十九根蓍草全部再合起來，占第二爻，步驟和占第一爻的完全一樣。

第二爻是畫在第一爻的上面的，不是在第一爻的下面。

第二爻占妥了，就占第三爻，步驟和占第二爻的

完全一樣。初、二、三爻合而為「下卦」。跟着就是占第四、五、六爻，第六爻《易》學術語叫「上爻」。四、五、上爻合而為「上卦」。上卦和下卦合起來就成為占筮用的六畫卦了。在作進一步的解說之前，讓我把〈繫辭上傳〉第九章餘下來關於揲蓍的部分一併引出。

「乾之策二百一十有六，坤之策百四十有四，凡三百有六十，當期之日。二篇之策，萬有一千五百二十，當萬物之數也。是故四營而成易，十有八變而成卦，八卦而小成。引而伸之，觸類而長之，天下之能事畢矣。」：乾為天，乾卦六爻皆陽。陽數以九為代表，取其能變。九是揲蓍得三十六根然後除以四而得到的數目，所以三十六策（一策即一根蓍草）就成為一個動的陽爻，而乾卦有六個陽爻，是以「乾之策」一共是三十六乘以六，等於二百一十六。坤為地，坤卦六爻皆陰。陰數以六為代表，取其能變。而六是揲蓍得二十四根然後除以四而得到的數目，所以揲得二十四根蓍草就成為一個動的陰爻。而坤卦六爻皆陰，是以「坤之策」一共是二十四乘以

六，等於一百四十四。乾坤之數（即天地之數）加起來就是二百一十六加一百四十四，等於三百六十，是一年（「當期之日」的「期」讀「基」，一年的意思）的日數。所謂「二篇」，指《易經》上下兩篇，共有六十四卦；每卦六爻，加起來就有三百八十四爻，陰爻陽爻各半，即是一百九十二個陰爻，一百九十二個陽爻。一個陰爻的數目是二十四，陽爻是三十六。二十四乘以一百九十二，得四千六百零八；三十六乘以一百九十二，得六千九百一十二。加起來就是一萬一千五百二十策，象徵天地間萬物的數目。「四營」是「分」、「掛」、「揲」、「扐」四種經營；經過「四營」，就完成一次變易。三變而成一爻，六爻就要十八變才能完成（俗語說「女大十八變」，「十八變」出此）。一個卦有六爻，所以十八變就成為一個卦了。這個卦指「六十四卦」其中一個卦，是占筮用的。這六十四卦，全都由基本的「八卦」組合而成。「八卦」是原卦，只得三爻，所以占筮時，占了三爻，就是一個小成；再多占三爻，就是大成了。根據這些數字引伸類推，我們對《易》理、《易》數的精微，就得到更深的了解。

《易》理包羅萬象，我們精通《易》學，就可以洞悉天下一切事物了。

　　本來這最後一段，和占筮沒有太大關係。我所以引述這一段，是想讓大家看到發明筮法的人怎樣把《易》占和天地萬物拉上關係，使我們可以見到筮法取法於三才、歲時和萬物。我們在占筮時，藉着這種取法，就可以「與造物者遊」，從而洞悉時命的奧秘。

　　這些神秘學問，你一就信，一就不信，一就半信半疑，悉隨尊便。你信與不信，並不影響它的內在價值。但是，如果你不信，也不必用邏輯推理去否定它的價值，因為這些東西都是超越邏輯和理性的。我在大學時，讀了一門選修科叫「易經概論」，考試時只佔半張卷。我們都規定看一本參考書，叫《易學通論》，作者叫王瓊珊。這本書看得我無名火起。這位王先生的學問是淵博的，但是書中表現出的混亂思想，實在使人驚訝。你道他怎樣批評《易》占？他說：「三變之後，過揲之策（亦曰正策）為三十六、三十二、二十八、二十四

之機會分別為十二、二十八、二十、四；即為老陽之機會十二，為老陰之機會四，為少陽之機會二十，為少陰之機會二十八。老少相加，則為陰為陽之機會各三十二。然陽動之機會三倍於陰動之機會，為不合理。」我的天！占筮有甚麼合理不合理的？難道要一切機會均等才算占筮？占筮是講定數的。即是說，如果你注定要得到某一個結果，就算只有萬分之一的機會，你也會得到。同樣地，如果你注定得不到某一個結果，就算有二分之一的機會，你也不會得到。發明這套筮法的人，一定有他的用意。相信它的，當然也相信這套筮法有神助。不相信它的，縱使筮法一切機會均等，那又有甚麼用？但是，用機會不均等來認為筮法不合理，說這話的人才真的不合理哩！

這位王先生又說：「卜筮者，必以冥冥中有主宰之者為其依據，否則筮得之卦與其所占之事，其關係無能說明。此冥冥中主宰之者，即所謂鬼神。鬼神之為物，依人之觀念而生，非果有一外於人心而客觀地存在之鬼神，能有意識地為主宰也。藉鬼神之主宰，使

筮得之卦適與所占之事相應，此不可必得之數也。如使有客觀性之鬼神存在，可藉以為主宰，而占法出於人，初未嘗與鬼神謀，鬼神雖無所不知，豈必服從人定之規則，根據人之占法，使人筮得之卦適足以當其事之吉凶？」這段理論，犯了兩個大錯誤。第一，這位王先生怎麼能夠知道鬼神依人的觀念而生，而不是客觀存在呢？沒錯，人的觀念可以產生很多東西，但這並不代表那些東西不可以客觀地存在。比如說，人可能對外太空飛碟產生各種觀念，但這並不證明宇宙沒有外太空飛碟。真真正正的外太空飛碟，在形狀和實質上可能和我們想像出來的不一樣，但是這並不等於飛碟不存在。同樣地，人的觀念的確可以產生各式各樣的鬼神，但是這並不代表宇宙就沒有真的鬼神，只不過真的鬼神未必和我們想像出來的鬼神相同罷了。第二，王先生退一步說，縱然這個宇宙有鬼神存在，但是筮法是人定出來的，並沒有和鬼神商量過，鬼神又怎會服從人定出來的規則。王先生好像他自己親眼見到古人制定筮法一樣，這真是荒謬！固然，這個世界有很多東西都是人定出來的，佛經、《聖經》，何嘗

不是人寫的？問題的關鍵是，制定那套和神溝通的方法的那些人，究竟有沒有神助？這就是我們不能肯定的事了。就以《易經》占筮來做一個例子。比如說，現在拿着《易經》占卦的人都能夠得到靈驗的啟示，這也未必等於制定筮法的古人當時一定得到神助。我們也可以推測，制定筮法的人當時是一意孤行的，但是鬼神後來卻很喜歡這套把戲，也樂於把它當作和人溝通的方法，所以無占不驗。又比如說，我們現在拿《易經》來占卦都逢占不驗，這也未必等於制定筮法的古人當時沒有「與鬼神謀」。可能後來由於某些原因，鬼神就不再承認這套筮法了。再比如說，某甲每占皆驗，某乙逢占不驗；或者，某甲和某乙占卦，都時驗時不驗，這也證明不了甚麼。因為我們總可以說某甲有神助，某乙沒有，或者某甲和某乙都只不過偶爾得到鬼神的眷顧。這並不表示筮法使不得。所以，你信筮法也好，不信筮法也好，這都無所謂，因為一切宗教、藝術、文學都離不開主觀和武斷。占筮是鬼神之事，虛無縹緲，無跡可尋，也沒有具體的證據去證明或推翻它的神力。所以，武斷是不能避免的。縱使《易經》逢占皆

驗，你仍然可以說這是巧合。不過，既然是武斷，就不要加一些似是而非的推理。

王先生又說：「時至今日，吾人讀《易》，無論如何，已不當復言卜筮，要在發明義理而已。」《易經》的義理是怎樣來的？《易經》先通過卦和爻的編排，得出象和數，而義理就是從這些象和數發揮出來的。沒有占筮，這些象數就落空，無所憑藉。而義理本就是憑藉着象數的，象數落空，義理何存？要明白義理，讀《論語》不就夠了？《論語》是文字寫成的，要說甚麼義理都可以直說出來。《易經》卻是以六十四個六畫卦為主幹的，六十四卦是圖樣，不是文字。而那些卦辭爻辭、大象小象，完全是望卦爻而生義，又往往以偏概全，你甚至可以說它們取象牽強。既然取象牽強，那麼從取象而來的那番義理，你當然也可以一笑置之了。總之，拿一本占筮用的《易經》，硬要只看義理，是捨本逐末的理論。如果只想看《易經》的義理，也不一定要看《易經》，讀一篇〈中庸〉就差不多了。

《易學通論》的作者王先生對於鬼神的論點，有些像西方哲學家的論點。西方哲學家 C.G.Jung 為 Richard Wilhelm 翻譯的《易經》所寫的序言，就只能夠把問鬼神說成探求自己的潛意識。Raymond Van Over 重編 James Legge 譯本時所寫的序言，也大談潛意識。潛意識能不能夠知道未來的事，我不敢置評。如果我說不能夠，那我就有武斷之嫌了。不過西方哲學家不承認我們的鬼神是不難明白的，因為他們受了天主教的深刻影響，只能信奉一個猶太神 —— 天主。除了天主之外，他們不敢相信天地間還有別的神。基督徒也不可以相信鬼的存在。如果他們相信有別的鬼神，就等於信奉魔鬼了。在天主教眼中，《易經》根本就是異端邪說。但是，一些研究過《易經》的西方學者，卻不能不承認這是一本很有吸引力、很具啟發性的書。他們要介紹這本書給西方的讀者。但是，一天不解決占筮給他們帶來的尷尬問題，《易經》還是異端邪說。如果把問鬼神解釋成探求自己的潛意識，求神就等於求己，那《易經》就成為一本很積極的哲理龜鑑了。在我看來，這是相當幼稚的駝鳥政策。不過，如果你在一

個一神論的社會長大，你似乎也沒有甚麼選擇餘地了。

發了一大頓牢騷，我還沒有說到怎樣去解卦。不過，在說到解卦之前，我還想說一下以搖銅錢來代替揲蓍的「火珠林法」。據說漢朝已經有這個搖錢法。如果手頭沒有蓍草，又或者時間逼促，用火珠林法也未嘗不可。這個方法簡易得很，現在沒有銅錢，我們可以拿三個銀圓來搖。計算的方法是：每個正面給三分，每個背面給兩分。如果搖出來是三個正面，就是九分，是老陽；兩正一背，就是八分，是少陰；兩背一正，是七分，少陽；三個背面是六分，老陰。第一次搖出來的數目，屬初爻，跟着就是二、三、四、五和上爻，搖六次就大功告成，所需要的時間才不過兩分鐘左右。揲蓍卻要用上二十分鐘的時間。但是我個人仍然喜歡揲蓍，因為這個筮法看起來沒那麼輕率，而且揲蓍時有較多的時間給我深思。不過，以我個人的經驗來說，搖錢和揲蓍的準確性是一樣的。

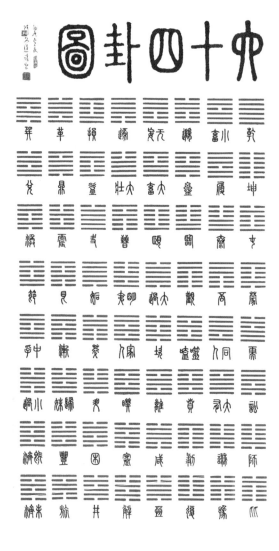

通行本《周易》卦名依次為：乾、坤、屯、蒙、需、訟、師、比、小畜、履、泰、否、同人、大有、謙、豫、隨、蠱、臨、觀、噬嗑、賁、剝、復、无妄、大畜、頤、大過、坎、離、咸、恆、遯、大壯、晉、明夷、家人、睽、蹇、解、損、益、夬、姤、萃、升、困、井、革、鼎、震、艮、漸、歸妹、豐、旅、巽、兌、渙、節、中孚、小過、既濟、未濟。

大衍之數五十

其用四十有九

132　人鬼神

分而為二以象兩

掛一以象三

揲之以四以象四時（一）

揲之以四以象四時（二）

歸奇於扐以象閏

五歲再閏，故再扐而後掛（一）

五歲再閏，故再扐而後掛（二）

五歲再閏，故再扐而後掛（三）

分而為二以象兩（一）

分而為二以象兩（二）

掛一以象三

撲之以四以象四時

歸奇於扐以象閏

五歲再閏，故再扐而後掛

分而為二以象兩

掛一以象三

揲之以四以象四時（一）

揲之以四以象四時（二）

歸奇於扐以象閏

五歲再閏，故再扐而後掛（一）

五歲再閏，故再扐而後掛（二）

五歲再閏，故再扐而後掛（三）

五歲再閏，故再扐而後掛（四）

（一九八二年攝）

怎樣解卦

　　好了，占出來的卦，我們怎樣去處理呢？比如說，占出來的數字是：七、九、七、八、六、八，畫出來的卦就是：

　　這個六畫卦是由兩個三畫卦組成的：上卦是坤，下卦是乾，坤為地，乾為天，《易》學術語叫「地天泰」，是泰卦。自底至頂，每一爻在這裏的稱呼是：初七、九二、七三、八四、六五和上八（《易經》沒有「七」和「八」的名稱，只有「六」和「九」，因為解卦只看動爻，不看靜爻。我這裏用「初七」、「八四」的稱呼，不過為了方便講解）。八和七是少陰和少陽，畫出來的爻是靜爻，除了有分兒組成一個六畫卦之外，在解卦時是用

不着的。這個泰卦的九二和六五分別是老陽和老陰,是動爻,解卦時就是要看這些。不同的學派可能用不同的方法去解卦,我用的方法很簡單。比如你筮得這個卦,第二和第五爻皆動,那你就先看看卦名的意義,也可以看看卦辭、象辭和大象,得到有關你所問的處境。然後先看泰卦九二的爻辭,連帶看一下這爻的小象,再看泰卦的六五,連帶看一下這爻的小象,這就是有關你所問的事要發生的次序和性質。但還未了結。因為九和六分別是陽和陰的「窮數」,《易》理「窮則變」,九因為陽性前進而窮,所以要後退一步,居於八,變成少陰;六因為陰性後退而窮,所以要前進一步,居於七,變成少陽。所以,當看完兩個動爻之後,整個卦就要變成初七、八二、七三、八四、七五和上八:

上坎下離，坎為水，離為火，《易》學術語稱為「水火既濟」，是既濟卦。從泰卦變成既濟卦，就叫做「泰之既濟」。「之」是「去到」的意思。既濟卦全部是靜爻，所以不必再看爻辭和小象，只是看看卦名的意義，連帶看一下有關這個卦的文字就算了。這個變出來的卦，就是你要知的那件事的終結。所以，解卦的程序表面上不算難。當然，你一定要買一本《易經》才行。

如果占出來六爻都是非七即八的靜爻，那怎麼辦？那就只須看看這個卦名的意義和有關的卦辭之類就成，沒有「變卦」。

單說理論，大家一定覺得太空泛。以下讓我舉幾個實例說一下。這些實例，都是我在美國教書那兩年發生的。我很懷念在美國那兩年的生活，正好在這裏順帶追記一下。

我未進大學，就已經跟國學大師陳湛銓教授學《周易》。以後就靠自己進修了。一九七四年春天，我

二十七歲，還在倫敦大學撰寫博士論文，我的一位老師周策縱教授（當時是美國威斯康辛大學的正教授兼東亞語言文學系主任；當我寫這篇文章時，周老師休假，來了香港中文大學當客席講座教授）叫我去威斯康辛大學當講師。上學期開講老莊哲學，美國學生聽得津津有味。於是周老師提議我下學期開講《易經》。我答應了。同事們知道我快要開講《易經》，談笑間都說要請我替他們占卦。我一向的原則是除非對方有大疑難，不然的話，我一定不占，所以我也總是報以微笑，沒有行動。

一天晚上，一位相當要好的同事來我家。臨走時，他告訴我他申請了一個研究獎金；他很希望得到那個獎金，一則因為獎金的數目相當大，二則這個獎金在學術界很有地位。本來還有兩個星期左右他就可以得到遴選委員會的答覆，但是他急於知道一點眉目，所以希望我能夠用《易經》替他占一下。我覺得這件事對他來說的確相當重要，就答應了。由於我手頭沒有蓍草，而且當時夜深了，我也不想阻留他，於是我就拿了三個銀圓來搖。我只記得當時占出來的是坎卦：

動了多少爻我已經記不起來，所以也沒法記得那變卦是甚麼。但我還清楚記得第三爻是動的，我更記得占完之後，我非常不安，因為我給他斷了「死症」。那卦象和爻象都很明顯。坎，險也、陷也。兩個三畫卦的坎組成這個六畫卦的坎，更是重險、重陷。這已經指出了他申請研究獎金的波折不少。坎卦六三的爻辭這樣說：「來之坎坎，險且枕，入於坎窞。勿用。」小象說：「來之坎坎，終无功也。」「之」是「往」的意思，由下而上是「之」，由上而下是「來」，即是說，他的處境，就像坎卦六三一樣，是兩險交接之際，無從逃避。六三在下坎的上位，有以首枕險之象，而又在上坎之下，所以是入於坎窞，即是跌進了險洞。「勿用」即是不要有所行動。而小象更批一句「終无功也」，這還不是「死症」是甚麼？果然，兩星期後，他哭喪着臉來找

我，告訴我他已經收到獎金遴選委員會從東岸寄過來的信，說他的申請不成功。

一九七四年底，我的博士論文撰寫好了，要趁冬假飛回倫敦考取博士學位。臨行時，兩位好朋友劉紹銘教授（當時是威斯康辛大學副教授，現在是威斯康辛大學正教授）和李歐梵教授（當時是普林斯頓大學助理教授，現在是芝加哥大學正教授）為我穿針引線，希望把我介紹到東岸一間著名大學裏去當助理教授，因為那裏正好有一個助理教授的缺。近年來，在美國一般有名望的大學當助理教授的先決條件是擁有一個哲學博士銜。而我當時只須回倫敦一轉，再回到美國就是哲學博士了，正適合那個位置。我在威斯康辛大學的講師合約只是一年，一年後又要擔心續約問題，好不惱人。所以劉、李二兄的安排對我來說是很好的。當時負責物色合適人選的那位教授，和我在書信中也談得相當投契。我還特地請我的老師劉殿爵教授（當時是倫敦大學講座教授兼中文組組長，現在是香港中文大學講座教授兼文學院院長）做我的諮詢人，因為那

位教授很佩服劉教授的學問。所以，當我在一九七五年一月回到冰天雪地的陌地生（Madison）校園上下學期的課的時候，我就已經盤算着六月左右搬到東岸去了。這時，《易經》已經開課了，聽講的有二百多人，包括好幾位同事。開課一個月左右，終於教到占筮了。教了幾次揲蓍，我就要真真正正地占一卦給他們看。我覺得一個人去占卦太單調，於是決定由我自己來占初爻和上爻，二、三、四、五爻則由兩位旁聽的同事和兩位同學分別占出來。要真真正正地占一卦就得擬一個真真正正的問題，我於是提議問：「《易經》課在短期內還會不會開下去？」聽講的都贊成。我擬這個問題是別有用心的，因為我一心打算到東岸去。如果占了一個否定的答案，那就表示我多半可以成行了（當然，一個否定的答案也未必表示我可以成行，它可能表示威斯康辛大學下學年不再聘用我。不過當時也沒有想得這樣清楚）。於是我潛心默禱，占了第一爻，是初八。兩位同事和兩位同學所占到的分別是七二、八三、八四、六五。這即是說，第五爻動了。我暗暗吃驚，心裏想，如果我占到的上爻是七，那整個卦就

成為「山水蒙」，那我就不知如何是好了。果然，我真是占了個上七，得到了蒙卦，第五爻動：

蒙卦的卦義是啟發蒙昧，正好切合了我們當時師生相授受的環境。蒙卦卦辭說：「蒙亨。匪我求童蒙，童蒙求我。」正是學生跟老師學習的意思。蒙卦六五爻辭說：「童蒙。吉。」正表示了「《易經》課在短期內會開下去」。六五由陰變陽，整個卦變成渙卦：

渙卦表面上看是散渙的意思，但是卦辭一句「王假有廟」，正表示帝王憑藉宗廟來收拾散渙的人心。這個「蒙之渙」，對任何人來說，都是喜訊；對我來說卻偏偏不是。我的心一沉，幾乎不能發一言。我當時想，如果我下學年到了東岸去，誰來教《易經》？難道東岸我去不成？我當下依書直說，每個人都很開心；而我就深感失落，整個下午在納悶。晚上，我和太太到「麥當勞」去吃東西，就把當日下午公開占卦的事情告訴她。跟着，不知誰先提議不如我占一下自己的前程。我猶豫良久，終於決定替自己起一課。晚餐後，我們乘夜從「麥當勞」回到我的辦公室撲蓍去了。那是我有生以來，第一次替自己占卦。而那一占，真的令我後悔不已。為甚麼呢？聽我慢慢道來。我撲蓍得到一個初、三、四爻動的旅卦：

這個卦真是可圈可點，我當時還不是一名在異鄉的「旅人」，「旅居」在美國嗎？旅卦初六爻辭：「旅瑣瑣，斯其所取災。」我正是給瑣瑣屑屑的事困擾着，人窮志短，自招災害，這一爻說得真貼切。九三爻辭：「旅焚其次，喪其童僕。貞厲。」這一爻無疑打破了我到東岸去的夢想了。九四爻辭：「旅于處，得其資斧，我心不快。」這一爻，直截了當地指出我還是留在陌地生校園，會得到一些好處，但是我不會為此而有快意。最後，三爻皆變，就成了頤卦：

頤卦的卦義是頤養的意思，這看來比較值得安慰。不過我問的是前程動向，頤卦又似有別解。頤為大離，「離也者……南方之卦也。」這表示我終於還是要向南方發展。我當時也是取這個卦象的。好了，占出來的

卦很明白易懂，無法曲解，只好向太太和盤托出。太太這一聽，心一沉，面如死灰。她對我的殷切期望，受到這突然沖擊，情緒激動得無法把持，「旅焚其次，喪其童僕」給她的打擊太大了，跟着的「旅于處，得其資斧」也不能喚回她的歡心。當時窗外一片漆黑，使我感到無家可歸，使我感到我是一個沒出息的人，是一個罪人。我很後悔為甚麼要在太太面前占自己的前程，自討沒趣。這真是一件大錯特錯的事：一則得失既是定數，占來也無濟於事；二則如果要占，為甚麼要在太太面前占？那個月，我們的精神痛苦，簡直難以形容。不多時，東岸那位教授來信，說大學因為經費問題，那個空缺由助理教授級改為講師級，是以請不起我。我當時疑有別情，但也不便多問了。後來有幾間大學也談不攏，一一告吹，於是旅卦九三應驗了。周策縱老師知道了這些事情，立刻替我想辦法，打算下學年改聘我做助理教授。他的安排，受到校方強烈的阻撓，其中一個原因也是大學的經費問題。就這樣，這件事拖延了好一陣子。一天黃昏，周老師開車送我回家 —— 我記得地上還有微雪，大概是四月底吧 ——

他一邊開車一邊說，大學已經答應下學年改聘我做客席助理教授，總算聊勝於無。我當時也鬆了一口氣，暫時放下了心頭大石，很感激老師的安排。太太的心情也平靜下來了。旅卦九四也應驗了。不過，我因為「預知」而帶來不必要的精神痛苦，又得知校方的諸多阻撓，所以也不免耿耿於懷。

太太和我想想既然要在陌地生住下去，就不如分期付款買一幢房子住。周老師也很贊成。我們很幸運，找到了一幢我們覺得滿意的全新房子。房子坐落的整塊地有九千方呎，地面那層的實用面積有千多方呎，還有一千多方呎的地窖，又有一個可以容納兩部車的車房。環境非常幽美。當時市價還不到四萬美元。劉紹銘不約而同地在我附近也選了一幢新房子，和我做起「街坊」來了。

當我還未得到周老師的口頭通知，正在孤立無援地為前途擔心的時候，系裏有一位當了六年助理教授的同事合約快滿了。校方正在考慮要不要改聘他做副

教授。對於一位美國大學教師來說，這是事業的轉捩點，因為助理教授是合約職位，副教授是長俸職位，後者多多少少是安定生活的保證。這一關着實是不容易過的。我個人很喜歡這位同事，自然很希望他可以留下來做副教授。他自己就不免患得患失，終於熬不住，請我代起一課。我答應了。於是在一個清靜的黃昏，我就獨自在辦公室裏撰著，得「革之復」。即是說：革卦的第三、四、五爻動，就是這個樣子：

「革」字有「改變」的意義，很切中問題。革卦九三爻辭：「征凶，貞厲。革言三就，有孚。」因為九三陽爻居陽位，陽剛太過，又不居中，輕舉妄動，必有凶險；就算貞正守着本位，也有危厲。上卦是兌，「兌……為口舌」，有言論之象。上六陰爻和九三陽爻相應，得到

調和。所以占得九三，就一定要再三就教於人，聽取多方面的言論，然後從事，才可以取信於人（有孚）。「三就」的「三」字，固然也是指爻位而言。我一看這爻，知道他短期內一定遇到困難，甚或當時就已經遇到困難，不過他沒有告訴我罷了。但是，從一句「有孚」，我相信他的困難是可以解決的。九四爻辭：「悔亡。有孚改命。吉。」直截了當，一句「悔亡」，就表示他逢凶化吉，全不用擔心。再進一爻，更妙，九五爻辭：「大人虎變，未占有孚。」象徵一位偉大人物，像老虎的斑紋一樣變得彪炳燦爛，不待占卜，一看就知道他能孚眾望了。這一來，他不升級才怪。三爻俱動，變成復卦：

「復」有「恢復」的意思，正好是這個答案的終結。

我於是把卦畫好，送去給他，並且詳細解釋卦象。最後，我請他做一些心理準備，因為短期內，他一定會被事故困擾。果然，不出一個星期，他的助教去信給校長告他一狀，說他假公濟私。這位助教大抵和他積怨日子不淺，所以要趁他約滿時一心一意把他弄垮。校方用了幾個星期的時間去調查這件事，卻認為那位助教居心叵測，一切控告，概不受理。我的同事這才鬆了一口氣。事隔一個多月，一個初夏的下午（陌城的春天很短，只得半個月左右），東亞語言文學系開完那個學年最後一個系務會議，我剛離開會議室，那位同事走過來告訴我，下學年開始，他就升任副教授了。我當時很高興，因為他的確是一位很好的教師。

　　一九七五年暑假，我和太太取道倫敦回香港來探望四位老人家。先父當時已經八十一歲。我們在父母家寄住了差不多兩個月。那時候，香港有一間新電視公司正在籌備階段，預備年底開台播映，要我加入。我當時感到很為難。儘管我很喜歡電視工作，但是，

美國的書又不能不教。公司終於同意先下聘書，然後等我一年。我也覺得這個安排不錯。回到陌地生，我就先跟系裏唯一從香港去的同事劉紹銘商量。劉兄認為以我興趣之廣，委實應該回香港做事才可以盡情發揮，甚麼學術，暫時不要去管它了。過了幾天，我就去請准周老師。周老師的反應和劉紹銘卻不同，他覺得我脫離了學術界非常可惜。他最後說：「讓我們再想一個圓滿的方法。」就把這件事擱了幾個星期。一個星期天，周師母帶了兩位女公子到芝加哥去，剩下周老師一個人。我和太太於是邀請他到我們家裏吃午飯。飯後，我又趁機會談談我的抱負。周老師聽了也覺得有點道理，終於同意我回香港走一遭。我回香港的計畫就此決定了。因為電視台急於用人，太太梁鳳儀就在一九七五年十一月先行回港，處理一部分行政工作。同年十二月，我也利用了寒假飛回香港，替電視台演了一個劇集。

一九七六年一月，我再回到冰天雪地的陌地生，這是我在威斯康辛大學的第四個學期，也即是第三次

教《易經》課程。有一天，一位女同學到我的辦公室來，說有一個卦想請我解給她聽。她遞了一張紙給我，紙上畫着的卦是「渙之蒙」，跟我前一年公開占卦時所得的「蒙之渙」剛好相反。我問她占的是甚麼。她說，她的一位很要好的朋友快要臨盆了，現在腹痛得厲害，醫生提議她開刀，但她堅持要「順產」，好嘗一下箇中滋味。這位女同學很擔心，於是就想問《易經》，她的女朋友會不會母子（或母女）平安，得了「渙之蒙」。我看過卦象，就說母親和小孩都一定平安。這個渙卦第五爻動：

「渙」是「散渙」的意思，她的女朋友目前一定痛苦，精神一定散渙。渙卦九五爻辭：「渙汗其大號。渙，王居无咎。」她現在的情形，一定是揮汗成雨，且痛苦得大

叫。幸而九五爻位居中，有王者之象，有驚無險，轉
危為安。所以母親一定平安。為甚麼小孩也平安呢？
因為卦變成蒙：

蒙卦有啟蒙的意思，如果沒有童蒙，又何蒙可啟呢？
所以一看是蒙卦，我就知道這個童蒙不會有問題。蒙
卦上艮下坎，都屬陽，所以看來這一胎是男的。她謝
過就走了。過了一天，我上《易經》課時，芸芸二百人
中卻不見了那位女同學，我很擔心。再過兩天，我再
上《易經》課時，她赫然坐在最前排。我立刻追問有關
她女朋友母子的情形，她高興地說，一切如我所言，
生了個男的；但生產時，的確很危險，因為那小孩雙
腳先出，而不是頭先出，稍一遲疑，就有窒息之虞。
不過現在沒事了。前兩天，她要陪她的朋友，所以沒

有上課。我立刻請她出來，向同學講述這件奇妙的事。

後來，我又突然記起，我公開占得的蒙卦，卦辭是這樣的：「蒙亨。匪我求童蒙，童蒙求我。初筮告〔讀「谷」音〕，再三瀆，瀆則不告。利貞。」我一算之下，發覺我離開威斯康辛大學的時候，剛好講了三個學期的《易經》，應了「再三」的「三」字。我也在班上提及過。不過後來覺得有些附會，所以也沒有怎樣宣揚這個解法。

一九七六年六月，我終於回到香港來了。我在陌地生買的房子也租出去了。在不知不覺中，我的動向，竟也應了一九七五年初所占的「旅之頤」的頤卦，我回到南方來了。一留至今，已經六年。這六年間變化很大。我不敢說我在香港有甚麼成就，但是總算差強人意吧。一九八〇年夏天，我到加拿大去演戲；事後道經陌地生，在周策縱老師家住了幾天，見一下舊同事，也看一下自己的房子。周老師家門前有一株六十多呎高的柳樹。一九七六年我離開陌地生之前，周老

師從樹上折下一根五呎長的柳枝，種在我家車房旁邊的草地上。一九八〇年，當我再回到陌地生的時候，那根五呎長的柳枝，已經變成一棵快二十呎高的柳樹了。

（一九八二年稿）